I0013925

Mohamed Amine Chikh

La conception d'un système d'aide au diagnostic médical

Fatima Bekaddour
Mohamed Amine Chikh

La conception d'un système d'aide au diagnostic médical

Application: le cancer du sein

Éditions universitaires européennes

Mentions légales / Imprint (applicable pour l'Allemagne seulement / only for Germany)
Information bibliographique publiée par la Deutsche Nationalbibliothek: La Deutsche Nationalbibliothek inscrit cette publication à la Deutsche Nationalbibliografie; des données bibliographiques détaillées sont disponibles sur internet à l'adresse http://dnb.d-nb.de.
Toutes marques et noms de produits mentionnés dans ce livre demeurent sous la protection des marques, des marques déposées et des brevets, et sont des marques ou des marques déposées de leurs détenteurs respectifs. L'utilisation des marques, noms de produits, noms communs, noms commerciaux, descriptions de produits, etc, même sans qu'ils soient mentionnés de façon particulière dans ce livre ne signifie en aucune façon que ces noms peuvent être utilisés sans restriction à l'égard de la législation pour la protection des marques et des marques déposées et pourraient donc être utilisés par quiconque.

Photo de la couverture: www.ingimage.com

Editeur: Éditions universitaires européennes est une marque déposée de
Südwestdeutscher Verlag für Hochschulschriften GmbH & Co. KG
Heinrich-Böcking-Str. 6-8, 66121 Sarrebruck, Allemagne
Téléphone +49 681 37 20 271-1, Fax +49 681 37 20 271-0
Email: info@editions-ue.com

Produit en Allemagne:
Schaltungsdienst Lange o.H.G., Berlin
Books on Demand GmbH, Norderstedt
Reha GmbH, Saarbrücken
Amazon Distribution GmbH, Leipzig
ISBN: 978-613-1-50790-8

Imprint (only for USA, GB)
Bibliographic information published by the Deutsche Nationalbibliothek: The Deutsche Nationalbibliothek lists this publication in the Deutsche Nationalbibliografie; detailed bibliographic data are available in the Internet at http://dnb.d-nb.de.
Any brand names and product names mentioned in this book are subject to trademark, brand or patent protection and are trademarks or registered trademarks of their respective holders. The use of brand names, product names, common names, trade names, product descriptions etc. even without a particular marking in this works is in no way to be construed to mean that such names may be regarded as unrestricted in respect of trademark and brand protection legislation and could thus be used by anyone.

Cover image: www.ingimage.com

Publisher: Éditions universitaires européennes is an imprint of the publishing house
Südwestdeutscher Verlag für Hochschulschriften GmbH & Co. KG
Heinrich-Böcking-Str. 6-8, 66121 Saarbrücken, Germany
Phone +49 681 3720-310, Fax +49 681 3720-3109
Email: info@editions-ue.com

Printed in the U.S.A.
Printed in the U.K. by (see last page)
ISBN: 978-613-1-50790-8

Remerciements

Avant tout, je remercie dieu le très haut qui m'a donné le courage et la volonté de réaliser ce modeste travail.

Je remercie sincèrement et très chaleureusement mon encadreur Mr M.A Chick, maitre de conférences a l'université Abou bekr Belkaid-Tlemcen qui n'a ménagé aucun effort pour me prendre en charge pour la réalisation de ce travail.
Sa gentillesse, ses connaissances et le temps qui m'a dispensé, m'ont énormément facilité ma tâche.

Je le remercie aussi pour m'avoir accueilli dans son équipe d'E.B.M qui m'a permet d'enrichir mes connaissances de plus en plus.

Je remercie aussi les membres de Jury qui m'ont fait l'honneur de juger ce travail :

Président :
   Mr Benazzouz Mourtada   Maitre assistant a l'université de Tlemcen.

Examinateurs :
   Mme Benallel Mounira   Maitre assistante a l'université de Tlemcen
   Mr Bentaallah Amine   Maitre assistant a l'université de Tlemcen.

Enfin, Je remercie toute personne membre de l'équipe du laboratoire de recherche de Génie Biomédical en tète Mr Ammar Mohammed pour son aide et ses conseils, ainsi que Mr O.Behadada.

Liste des abréviations :

ACP : Analyse en Composantes Principales.

ANFIS : Adaptative Neuro-Fzzy Inference Système

C.F : Certainty Factor

C.H.U : Centre Hospitalo-Universitaire

E.A.O : Enseignement Assisté par Ordinateur

E.D.I : Environnement de Développement Intégré

FALCON : Fuzzy Adaptative Learning Control Network

FN : Faux Négatif

FP : Faux Positif

FUN : Fuzzy Net

GUIDE : Graphical User Interface

I.A : Intelligence Artificielle

L.F : Logique Floue

L.V.Q : Learning Vector Quantization

NEFCON: Neuro-Fuzzy Control

O.M.S : Organisation Mondiale de la Santé

P.M.C: Perceptron Multi-Couches

PROLOG : Programmation Logique

PROSADM: Programmation d'un Système d'Aide au Diagnostic Médical

R.B.F : Radial Basis Network

R.N : réseau de neurone

R.N.A :Réseau de Neurone Artificiel

S.B.C : Système a Base de Connaissance

Se : Sensibilité

SIF : Systeme d'Inférence Flou

Sp : Spécificité

SOM :Self Organizing Map

Tc : Taux de Classification

T.S.K : Takagi-Sogeno-Kang

VN : Vrai Négatif

VP : Vrai Positif

VPN : Valeur Prédictive Négatif

VPP : Valeur Prédictive Positif

Liste des tableaux :

Liste des figures :

Chapitre V
Partie II :

Chapitre V
Partie III :

Chapitre V : Implémentation de ProSadm

Introduction Générale

Une maladie grave peut être l'un des plus gros défis auxquels l'on peut être confronté. La médecine moderne est celle qui essaye de comprendre les mécanismes qui ont donné la maladie afin de trouver de meilleures solutions pour la prévenir et la traiter. Les maladies les plus graves qui menacent de près la vie de l'être humain sont les cancers qui peuvent être prévenus par une prise de conscience des dangers qui nous guettent tout au long de notre vie .

Le cancer du sein constitue, la cause de décès la plus fréquente chez la femme en monde .En Algérie, le cancer du sein représente près de 50 % des cancers gynécologiques chez la femme, au cours de ces 15 dernières années l'incidence du cancer du sein a été multipliée. Le cancer du sein est une maladie caractérisée par une multiplication anormale d'une cellule dans l'organisme humain. N'entraînant pas de conséquences graves, au début, le cancer peut évoluer vers un état grave si le traitement n'est pas fait à temps. Du fait de son diagnostic tardif, il en résulte souvent un traitement lourd, mutilant et coûteux qui s'accompagne d'un taux de mortalité élevé.

La science médicale est l'une des disciplines les plus fortes d'être évoluer par rapport aux autres domaines de la science. De nouveaux traitements sont introduits jour par jour ainsi que les décisions prises par les médecins sont très variables. Un diagnostic médical est le résultat du raisonnement d'un médecin, décision très souvent prise à partir d'informations incertaines et/ou incomplètes. "Le diagnostic est l'identification d'une maladie par ses symptômes" [1] .Ceux-ci ayant été analysés par l'interrogatoire et l'examen clinique, il ne reste plus au médecin qu'à puiser dans ses connaissances pour trouver la maladie en cause. Mais il existe des difficultés au diagnostic médical qui peuvent être liées aux praticiens ou aux malades. Les problèmes dans l'actuel médecine sont souvent très complexes.

Pour les maladies : leur expression peut-être trompeuse. Un signe peut bloquer la bonne voie diagnostique : lorsqu'il possède une forte sensibilité dans l'affection et qu'il est absent; ou au contraire lorsqu'il est présent alors qu'il est exceptionnel dans la maladie.

Pour les médecins : les possibilités de mémorisation sont inégales, les connaissances variables en fonction de l'ancienneté des études et d'un éventuel enseignement post-universitaire suivi. L'expérience, presque toujours favorable, peut entraîner une fausse certitude déjà vu avec moins de rigueur dans l'interrogatoire ou l'examen. Tel médecin peut avoir ponctuellement fatigue ou souci diminuant ses capacités de concentration. Le cerveau humain ne serait pas fait pour garder un trop grand nombre de données, présentes à l'esprit en même temps ; ce qui rend très difficile l'approche tenant compte de tous les signes présents. De nombreuses études sur le raisonnement médical montrent que, généralement, le médecin élabore un petit nombre d'hypothèses très tôt en phase d'examen, sur un faible nombre de signes caractéristiques avec un bon degré de fiabilité.

1 : Dictionnaire Larousse.

Cela peut même entraîner une hypothèse diagnostique élaborée avant la fin de l'examen, qui n'est plus systématique, mais orienté par la première "impression" ou "intuition".

A ce titre plusieurs travaux sont effectués afin de développer des outils d'aide au diagnostic de cette maladie. De nombreuses techniques d'intelligence artificielle ont été appliquées pour essayer de résoudre cette problématique. L'introduction de l'IA (Intelligence Artificielle) en médecine a permit non seulement de facilité la tache aux experts du domaine mais aussi d'automatisé la prise de décision. L'utilisation des ordinateurs pour aider les professionnels de la santé dans leurs activités a été étudié depuis les années cinquante. La médecine moderne a besoin d'une aide informatisée tant pour répondre à ses propres normes élevées et de suivre le rythme de l'étape de développement dans d'autres domaines. En tenant compte de la nécessité du diagnostic, nous croyons fermement qu'un système d'aide au diagnostic médicale est recommandé.

Depuis quelques années, de nombreuses équipes de recherche tentent de développer des systèmes d'aide au diagnostic médical . Plusieurs voies sont explorées telles que la classification automatique des anomalies détectées et la reconnaissance de forme. Des systèmes de détection assistée par ordinateur sont d'ores et déjà commercialisés et les résultats sont largement publiés dans la presse scientifique internationale. Parmi ces systèmes on trouve :

- *Image Checker M1000*, de la société R2 technology (approuvé FDA en juin 1998, marqué CE),

- *Second Look*, de la société CADX *Medical Systems* (demande d'approbation FDA déposée, marqué CE),

- *Mammex TR*, de la société *Scanis* (demande d'approbation FDA déposée, marqué CE).

Les techniques telles que les réseaux de neurones (RN) , la logique floue (L.F) et d'autre architectures hybrides qui intègrent ces outils sont les plus couramment utilisées.

Cet mémoire contient cinq chapitres, il est organisé comme suite :

- Le **premier chapitre** débute par une introduction médicale citant les données et le langage médical ainsi que la télémédecine. Ensuite, nous introduisons le rôle de l'intelligence artificielle en médecine, en particulier le rôle de l'informatique.

- Le **chapitre deux** brosse une aperçue sur la maladie cancéreuse du sein. Il décrit brièvement l'anatomie du sein, les types des tumeurs, les symptômes, les méthodes d'examinassions ainsi que les traitements à envisager envers cette maladie. Nous terminons ce chapitre par des statistiques prises au niveau de C.H.U (Centre Hospitalier Universitaire) de Tlemcen (état a l'ouest d'Algérie) et des préventions.

- Le **chapitre trois** concerne l'intérêt du système d'aide au diagnostic dans le domaine médical, en particulier les systèmes experts .Nous détaillons par la suite un des prototypes de ce domaine qui est Mycin en exposant ses principes, ses objectifs ainsi que son architecture.

- Le **chapitre quatre** quand a lui présente les différents outils qui vont servir a l'implémentation du chapitre qui suit comme les réseaux de neurones en particulier le perceptron multicouches P.M.C et L.V.Q (Learning Vector Quantization) ,ainsi que la logique floue , son principe notamment les systèmes d'inférence flous et leurs principes de fonctionnement et nous terminons par l'exposition des modèles neuro-flous qui sont nés de l'hybridation des réseaux de neurones avec la logique floue.

- Nous terminons ce manuscrit par le **cinquième chapitre** qui décrit l'implémentation de notre application. Dans le cadre de ce mémoire, nous avons réalisé deux types de méthodes pour l'aide au diagnostic médical :

  - Une aide directe : basé sur deux techniques intelligentes de la famille neuronale qui sont le perceptron multicouches P.M.C et L.V.Q (Learning Vector Quantization).Afin de vérifié la précision de ces deux techniques, nous avons comparé les résultats obtenus avec ceux du modèle neuro-flou (Anfis :Adaptative Neuro Fuzzy Inference System).
  - Une aide indirecte : à travers une interface ergonomique permettant la gestion des dossiers médicaux notamment ceux du patient et des Rendez-vous.

Nos applications auront comme nom : **ProSadm (Pro**grammation d'un **S**ystème d'**A**ide au **D**iagnostic **M**édical).
Et nous terminons par une conclusion générale et des perspectives.

Chapitre I :

Informatique Médicale

Un ingénieur, un enseignant et un chercheur en intelligence artificielle cognitive discutaient afin de déterminer quelle était la plus grande réalisation de l'humanité. L'ingénieur prétendait qu'il s'agissait de la roue. L'enseignant quant a lui pensait que c'était certainement la presse d'imprimante .Finalement, le chercheur en IA déclara que cela ne pouvait être que le thermos .Ses deux colloques en furent stupéfiés. Mais qu'a donc le thermos de si fabuleux ?, demanda l'ingénieur. Et bien répondit le chercheur en IA : si on y met des choses chaudes, il les garde chaudes, alors que si on y met des choses froides, il les garde froides. Et alors ? demande l'enseignant. Alors ! répondit le chercheur d'IA, visiblement surpris : mais comment fait-il pour savoir ?

M. Alliot

I.1 INTRODUCTION MEDICALE

La médecine a plus évolué pendant les cinquante dernières années que durant les cinquante siècles précédant.

L'enfant du passé était un être éphémère, emporté tôt par la maladie. L'enfant du présent est presque toujours en bonne santé. L'homme autrefois était vieux a 40 ans, l'espérance de vie est aujourd'hui de 70 ans.

La relation médicale met en jeu combinent entre trois constituants résumé dans la **figure I.1** suivante :

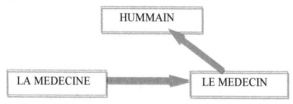

Figure I.1 : Relation médicale met en jeu

➢ **L'être humain** : C'est la personne humaine : corps et esprit, physique et moral , chair et sentiment .Il fait l'objet d'une protection multiple :
* une protection religieuse : l'homme est une créature de Dieu.
* une protection sociale : par le biais des traditions et des coutumes.
*une protection juridique : code pénal, code de déontologie, déclaration universelle   des droits de l'homme etc.…

➢ **La médecine** : Elle a traversé au cours de l'histoire de l'humanité trois grandes étapes :

1. La médecine de la magie primitive :
Dite primitive ou originelle, c'est la médecine de la préhistoire. Le guérisseur possède un pouvoir magique qu'il détient naturellement d'une puissance surnaturelle. Ce pouvoir est indiscutable, il concentre éthique et déontologie.

2. La médecine archaïque :
La médecine a connu des progrès considérable au cours des civilisations hindou, chinoise, égyptienne, mésopotamienne, grecque, ainsi que la civilisation arabo-musulmane avec la révélation de l'islam…..

3. La médecine contemporaine :
Elle est la somme des progrès considérables réalisées par la médecine expérimentale, la biologie et la thérapeutique. Elle a connaît deux grandes révolutions :

❖ Une révolution thérapeutique :en 1936, découverte de la pénicilline et des antibiotiques

❖ Une révolution biologiques : permet a l'homme de maitriser :
   ➤ Le système nerveux.
   ➤ L'hérédité : manipulation génétique.

➤ **Le médecin** : Détenteur d'un savoir, d'un ensemble de connaissances scientifiques, ayant la maitrise des techniques médicales et chirurgicales .Ces conditions sont nécessaires, Mais insuffisantes ! Il faudrait également au médecin le respect de l'éthique médicale, appliquer la médecine pour faire du bien ,l'observation des règles déontologiques, exercer son métier selon des règles strictes et un ensemble de devoirs. La formation humaniste donne à la médecine son sens profond.

I.1.1 La déontologie médicale :
La déontologie médicale est la science des devoirs. C'est un ensemble des principes, des règles et des usages que tout médecin doit observer et dont il s'inspire dans l'exercice de sa profession.
• Dispositions législatives algériennes concernant la déontologie médicale :
Loi N⁰ 85/05 du 16 février 1985: Article 267/1 ; 267/2 ; 267/3 ; 267/4 ; 267/5 ;267/6.
L'exercice de la médecine s'appuie essentiellement sur : le code de déontologie dont voici ces principes :

Devoirs Généraux:

• Le médecin est au service de l'individu et de la santé publique.
• Respect de la vie et de dignité de la personne humaine.
• Soigner de sans discrimination de sexe, âge, religion, de nationalité et condition sociale.
• Perfection des connaissances.

Le secret professionnel:

• Le secret s'impose a tout médecin.
• Respect du secret par les auxiliaires médicaux.
• Protection des dossiers, fiches, documents.
• Le secret n'est pas aboli par décés,sauf pour faire valoir des droits.

Devoirs envers le malade:

• Le malade est libre de choisir son médecin.
• Le devoir d'une information intelligible et loyale.
• Tout acte médical est subordonné au consentement libre et éclairé.
• Dispensé des soins consciencieux et dévoués.
• Bonne formulation et compréhension des prescriptions.
• Continuité des soins.

De la confraternité:

- Il est interdit de calomnier un confrère.
- Les médecins doivent faire entretenir entre eux des rapports de bonne confraternité et créer des sentiments de loyauté d'estime et de confiance.
- Il est d'usage que le médecin donne gratuitement des soins a un confrère, étudiants en médecine, personnel a son service et a ses collaborateurs.

I.2 LES DONNEES MEDICALES & LA SEMIOLOGIE

I.2.1 Les données médicales :

Il existe un large éventail de types de données dans la pratique de la médecine. Elles vont de la narration textuelle, des données sous forme mesures numériques, les signaux enregistrés, des images, et même des dessins …..

I.2.1.1 Les données textuelles : représentent une composante importante de l'information sur les patients. Elle incluse par exemple, la description du patient de sa maladie actuelle, y compris les réponses à des questions précises posé par le médecin….

Un exemple de données textuelles est illustré dans la **figure I.2** suivante :

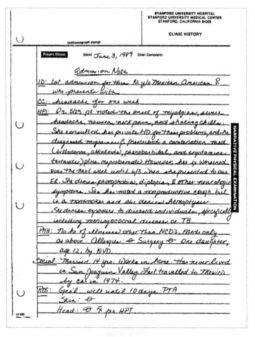

Figure 1.2 : Exemple de données textuelles

Certaines données textuelles sont vaguement codés et connues par les personnels de la santé, notamment ceux qui sont recueillies lors d'une examinassion physique, et qui reflètent les observations du praticien .Mais certain données ne sont pas standard et peut avoir des significations différentes selon le contexte dont ils sont utilisés. Par exemple, «MI» peut signifier «mitral insufficiency» (fuite dans une des valves du cœur) ou «myocardial infarction "(le terme médical utilisé pour désigner une crise cardiaque).[1]

I.2.1.2 Données numériques : en médecine, plusieurs données utilisées prennent des valeurs numériques.ces valeurs sont pris selon des tests de laboratoire, des signes vitaux (comme la température …), d'autres sont mesurés durant un examen physique.

I.2.1.3 Les signaux physiologiques : dans certains domaines de la médecine, des données analogiques sous forme de signaux continus sont particulièrement important. L'exemple le plus connu est celui d'électrocardiogramme (ECG) qui permet d'enregistrer l'activité électrique du cœur d'un patient. La **figure I.3** suivante montre un exemple de ce type de données.

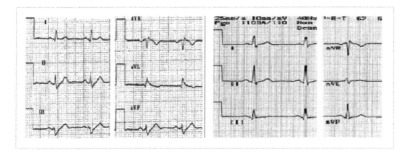

Figure 1.3 : Signale traçant l'activité du cœur

I.2.1.4 Les images médicales : ces images visuelles sont acquis soit à partir des machines ou esquissés par les médecins durant leurs examinassions et qui représentent une autre catégorie importante de données. L'exemple le plus courant est celui des images radiologiques comme le montre la **figure I.4**

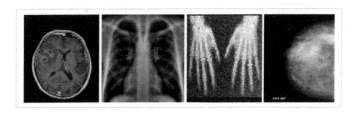

Figure 1.4 : Exemples d'images médicales

Il est également commun pour les médecins à faire des dessins simples pour représenter les anomalies qu'ils ont observé, ces dessins vont servir comme une base de comparaison pour un prochain diagnostic. Un exemple de ce type de donnés est montré dans la **figure I.5** suivante :

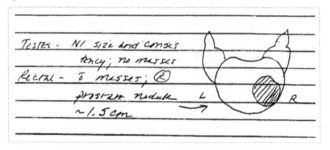

Figure I.5 : Dessin expliquant un nodule de la prostate

I.2.2 La sémiologie :

Une partie de la médecine est la sémiologie qui vise à étudier les signes des maladies. Un signe a une valeur s'il permet de séparer les malades des non-malades.la présence d'un signe ne signifie pas nécessairement la présence d'une maladie et l'absence d'un signe ne signifie pas l'absence d'une maladie.

	Maladie présente	Maladie absente
Signe présent	**A :VP (Vrais Positifs) :** ce sont les individus atteints chez les quels le signe est présent.	**B :FP (Faux Positifs) :** le signe est présent et les individus ne sont pas atteints.
Signe absent	**C :FN (Faux Négatifs) :** ce sont les individus atteints chez lesquels le signe est absent	**D :VN (Vrais Négatifs) :** le signe est absent et les individus ne sont pas atteints.

Tab 1.1 : Evaluation de la valeur diagnostique

Un bon signe diagnostique doit avoir une sensibilité et une spécificité élevées.[1]
Les paramètres suivants sont calculés a l'aide la matrice de confusion donnée par **Tab 1.1**

- **Sensibilité :**

Sensibilité d'un signe pour un diagnostic est la probabilité que le signe soit présent chez les individus atteints par la maladie recherchée.

$$\text{Sensibilité (SE)} = [A/(A+C)] \qquad (1.1)$$

- **Spécificité :**

Spécificité d'un signe pour un diagnostic est la probabilité que le signe soit absent chez les individus non atteints par la maladie recherchée.

$$\text{Spécificité (SP)} = [D/(B+D)] \qquad (1.2)$$

- **Valeur prédictive de test positif :**

Valeur prédictive positive d'un signe pour un diagnostic est la probabilité que le diagnostic soit vrai si le signe est présent

$$VPP = [A/(A+B)] \tag{1.3}$$

- **Valeur prédictive de test négatif :**

Valeur prédictive négative d'un signe pour un diagnostic est la probabilité que le diagnostic soit faux si le signe est absent

$$VPN = [D/(C+D)] \tag{1.4}$$

- **Indice de Youden :**

= (sensibilité + spécificité - 1). " Indice négative = test inefficace ; Indice se rapproche du 1 = test efficace " **[58]**

- **Rapport de vraisemblance** : (ou Likehood Ratio) notée LR :

Exprime le rapport : $\dfrac{Se}{(1-Sp)}$ (1.5)

I.3 LE LANGAGE MEDICALE

Le langage médical est caractérisé par un vocabulaire extrêmement riche et difficile à manipuler .Un terme peut avoir plusieurs significations selon son contexte (polysémie).a l'inverse, une maladie peut être désigné par des noms ou expressions différentes (synonymie). **[2]**

Le problème est complexe en raison de la grande ambiguïté des langues naturelles. Ces ambiguïtés sont notamment apparues lors des essais de traduction automatique. Les systèmes d'analyse de texte doivent enchaîner des étapes d'analyse morphologique et lexicale, syntaxique, sémantique, pragmatique.

Pour permettre une meilleur description dépourvue d'ambiguïté, a fortiori un traitement automatique, un minimum de standardisation du langage est nécessaire. Cette étape est appelé standarisation.Ceci est réalisé par l'établissement de classification. **[1]**

I.4 LA TELEMEDECINE

La télémédecine englobe le plus souvent deux situations qui correspondent au télédiagnostic et téléassistance. **[3]**

Le télédiagnostic et la téléassistance représentent des formes différentes d'exercice de la médecine. Les applications de la télémédecine ne se limitent pas aux disciplines de laboratoire et de radiologie . La transmission d'images intéressera de plus en plus les disciplines cliniques en raisons de modernité des techniques utilisées pour mettre en œuvre la vision tridimensionnelle rendant plus performante l'aide au diagnostic.

Le télédiagnostic a permet une collaboration en plus entre les médecins .il en résultera de nouveaux modes de présentation de soins et de relations confraternelles.

Il existe des citations ou le recourt au direct a un médecin est impossible. Pour la téléassistance et dans cette forme de télémédecine, l'assistance est fournie à distance par un médecin ou un groupes de médecins a un malade éloigné de toute présence médicale(le cas des personnels embarqués sur des navires de faible tonnage..).

Pour la télédiagnostic, il s'agit toujours d'une aide fournie au médecin qui a pris en charge le patient, alors que dans la téléassistance, c'est le patient lui-même qui est secouru. La télémédecine sous forme Télédiagnostic ou Téléassistance oblige à reconsidérer les divers aspects d'éthiques et déontologies en matière de responsabilité médicale.

I.5 INTELLIGENCE ARTIFICIELLE EN MEDECINE

Un biologiste, un architecte et un chercheur en intelligence artificielle discutaient pour savoir les qu'elles de leurs profession était la plus ancienne. La biologie est la plus ancien, prétendait le biologiste : quand dieu a créer coté d'Adam, ce fut la l'acte d'un biologiste. Certainement pas, répondit l'architecte : l'architecture est la plus ancienne .quand dieu a créer le monde a chaot ,ce fut la l'acte d'un architecte .Moi dit le chercheur en I.A :je pense que l'intelligence artificielle est la plus ancienne, d'ou venait le chaot d'après vous ?.

M. Alliot

À l'heure actuelle, les techniques de l'IA sont de plus en plus employées dans le développement des systèmes. Ces techniques sont utilisées pour élaborer des applications dans de nombreux domaines dont l'informatique, la médecine, l'éducation….

L'intelligence artificielle est une discipline informatique dont l'objectif est de faire traiter par l'ordinateur des problèmes usuellement résolus par l'homme et dont la solution exige des connaissances, de la perception, du raisonnement, de l'apprentissage, car ces problèmes n'ont pas de solution algorithmique théorique ou pratique. Il s'agit de la reconnaissance des formes, de l'analyse du langage naturel, des systèmes experts…

I.5.1 Les systèmes experts : Un système expert est un ensemble de programmes avec lequel on peut représenter la connaissance d'un expert humain dans un domaine donné et qui est capable d'opérer un certain nombre de raisonnements dans le but est de participer à la résolution de problèmes du domaine. On parle aussi de Systèmes à Bases de Connaissance (S.B.C).Les systèmes experts sont les systèmes d'intelligence artificielle les plus connus. Ils ne sont pas historiquement les seuls.

Le diagnostic médical constitue l'un des premiers domaines d'application des systèmes experts en intelligence artificielle IA : La plus importante réalisation fût MYCIN de E. Shortlife et R. Davis développé à Stanford à partir de 1972 pour le diagnostic des maladies infectieuses du sang. [4].Ce système vas être traité comme étant un prototype des systèmes experts dans le chapitre III.

I.5.2 Décision bayésienne :Les méthodes probabilistes, reposant sur l'application du **théorème de Bayes** ,permettent de calculer la probabilité d'une maladie connaissant les signes du malade. L'application du théorème de Bayes sur un problème de diagnostic médical, établit que la probabilité a posteriori d'un diagnostic Di, lorsque le signe S est présent, est en fonction de la probabilité a priori du diagnostic et de la probabilité conditionnelle d'observer le signe lorsque le diagnostic est présent :

$$p(D_i / S_j) = \frac{p(D_i) \times p(S_j / D_i)}{\sum_{k=1}^{r} p(D_k) \times p(S_j / D_k)} \qquad \textbf{Formule de Bayes} \qquad (1.6)$$

Le système bayesienne le plus connu est celui développé par l'équipe de De Dombal à Leeds. Les limites de l'approche bayésienne sont liées à l'exhaustivité des diagnostics, exclusivité des maladies et indépendance des signes.

I.5.3 Classification par réseau de neurone : La biologie a apporté un grand nombre d'informations sur le fonctionnement du cerveau, des neurones... Des mathématiciens ont alors tenté de reproduire le fonctionnement du cerveau en intégrant ces connaissances en biologie dans des programmes informatiques, et en leur donnant la possibilité d'apprendre.

Les systèmes neuronaux ont trouvé leurs premières applications pratiques dans le développement de systèmes de reconnaissance de formes (reconnaissance de caractères, vocales,...),ils se prêtent bien a des problèmes de classification diagnostique lorsqu'une base de cas suffisante est disponible.la couche d'entrée du réseau peut être alors assimilée aux symptômes et la couche de sortie aux diagnostics. Un exemple d'architecture neuronale est montré dans la **figure I.6** suivante :

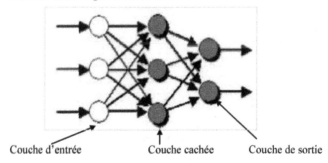

Couche d'entrée   Couche cachée   Couche de sortie

Figure 1.6 : Architecture générale d'un réseau de neurone

I.6 INFORMATIQUE MÉDICALE

Plusieurs domaines d'application de l'informatique sont envisagés en médecine citons a titre d'exemples :

I.6.1 Le Traitement des images médicales :

Le traitement d'image est né de l'idée de la nécessité de remplacer l'observateur humain par la machine. Le champ des applications du traitement d'images est très vaste , la médecine est un des domaines qui n'a pu échapper à ce souffle numérique que ce soit dans la chirurgie, le diagnostic, ... etc.

L'importance que revêt l'imagerie médicale tient d'abord au fait qu'une image est un concentré d'information. L'interprétation des images médicales est un des domaines de recherche les plus encourageants, étant donné qu'il offre des facilités pour le diagnostic et les décisions thérapeutiques d'un grand nombre de maladies tel que le cancer.

Le but du traitement des images médicales est d'extraire à partir des images acquises, les informations utiles au diagnostic, de révéler des détails difficiles à percevoir à l'œil nu, tout en évitant la création d'artefacts. L'analyse d'une image s'effectue au cours d'une succession de procédures constituant la chaîne de traitement : acquisition - pré traitement-extraction des caractéristiques-interprétation des résultats.

I.6.2 Système d'information hospitalier :

L'hôpital est une institution dont l'objectif est de soigner et de guérir des malades. L'hôpital dispose de certaines ressources et emploie un personnel nombreux, réparti en catégories aux fonctions distinctes. Pour enrichir nos connaissances, nous avons visité le C .H.U de Tlemcen pour recueillir des informations sur la maladie choisie. L'hôpital de Tlemcen a ouvert ses portes en 1954, il a été créé par le décret N° 86/306 du 16/12/1986.il comporte plusieurs services schématisé dans la **figure I.7** suivante :

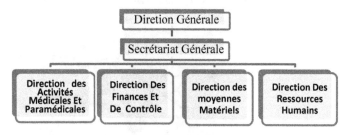

Figure 1.7 : Organigramme de C.H.U de Tlemcen

Un Système d'information hospitalier peut être défini comme un système informatique destiné à faciliter la gestion de l'ensemble d'informations médicales et administratives d'un hôpital et à améliorer la qualité du soin. **[2]**
Un système d'information hospitalier comporte trois composants principaux **[2]** :

✓ gestion administrative.
✓ Gestion des unités de soin.
✓ Gestion des plateaux techniques.

L'hôpital est en fait une fédération de sous-systèmes fonctionnellement distincts mais non disjoints, à l'intérieur desquels et entre lesquels circulent des flux d'informations. L'objectif principal d'un Système d'information hospitalier est l'amélioration des qualités du soin ainsi que la maitrise des couts.

I.6.3 Informatisation des dossiers médicaux :

Le dossier médical traditionnel est créé a partir d'un ensemble de processus qui peut capter un divers types de données participant à la construction du dossier médicale, et qui est schématisé dans la **figure I.8** suivante :

Figure 1.8 : Entrées du dossier médical

Le dossier du malade est un élément fondamental de la prise en charge. C'est d'abord un outil de mémorisation, de communication et le support du processus de décision comme le montre la **figure I.9** suivante :

Figure 1.9 : Rôle du donné médicale

Mais , ce dernier souffre le plus souvent de plusieurs problèmes comme qu'il est illustré dans la **figure I.10** telle que : l'inefficacité ,la redondance ,difficulté de recherche et d'interprétation……

Figure 1.10 : Problèmes du dossier médical

L'informatique a permit de minimiser et d'automatiser les taches manuelles répétitives qui caractérisent le domaine de la gestion et par suite épargner a l'être humain des heures de calculs et de réflexions. L'informatisation du dossier médicale a permet :

- améliorer le stockage, la disponibilité et la communication des informations.
- améliorer la lisibilité des informations.
- intégrer des données d'origines diverses ou de nature hétérogène.

I.6.4 Enseignement assisté par ordinateur :

Les premiers systèmes d'Enseignement Assisté par ordinateur(E.A.O) sont nés au début des années soixante. L'enseignement assisté par ordinateur donne l'occasion d'acquérir de nouvelles connaissances ou d'approfondir la matière qu'ils ont déjà étudié.

Les logiciels d'enseignement assisté par ordinateur visent à compléter l'enseignement traditionnel, ils permettent une combinaison de supports ainsi que la mise en place d'environnements de simulation.

I.6.5 Le traitement des signaux :

Les signaux physiologiques que fournissent les explorations fonctionnelles (telle que spiromètre ....) sont constitués de suites de nombres : de plusieurs dizaines à plusieurs millions par seconde .Or le médecin a besoin d'un petit nombre de paramètres caractéristiques du signal afin d'interpréter celui-ci. C'est l'objet du traitement d'effectuer les transformations rendant ces données directement utilisables pour la prise de décision. Au total, la séquence de traitement comporte quatre phases :

- ✓ conversion analogique-digitale.
- ✓ Le pré traitement pour l'amélioration du qualité du signale.
- ✓ Le traitement analytique.
- ✓ L'interprétation des résultats.

I.7 CONCLUSION

La médecine a connue un nouveau rythme de développement qui est devenus de plus en plus sophistique, cela revient surtout a l'introduction d'intelligence artificielle dans le domaine médical qui a permit, non pas seulement de faciliter la tache aux experts humains mais également d'automatiser la prise de décision. Cette tendance est un fait relativement nouveau puisque ses début datent les années 80 [5] .Les nouveaux technologies n'ont fait qu'amplifier cette tendance en offrant de nouveaux moyens diagnostiques.

Notre mémoire concerne la réalisation d'un système pour aider le médecin à accomplir sa tache de diagnostique .La maladie qui a été proposé est le cancer du sein qui est considéré non seulement la cause la plus fréquente chez la femme dans la plus part des pays du monde et en particulier l'Algérie mais également la première cause de mortalité féminine par tumeur. Dans le chapitre suivant nous présentons un petit aperçu sur cette maladie.

Chapitre II :

Le cancer *Du sein*

When Wealth is lost, nothing is lost;
When Health is lost, something is lost;
But when character is lost, everything is lost

General Proverb

II.1 INTRODUCTION

"Cancer" est un terme général appliqué à un grand groupe de maladies qui peuvent toucher n'importe quelle partie de l'organisme .C' est une cause majeure de décès dans le monde à l'origine de 7,4 millions de décès en 2004, soit 13% de la mortalité mondiale **[OMS]**.

Les cancers les plus fréquents ne sont pas les mêmes chez l'homme et chez la femme comme le montre le **tableau II.1** suivant:

Localisation du cancer	Nombre nouveaux cas	Localisation du cancer	Nombre nouveaux cas
		Prostate	62245
Sein	49814	Poumon	23937
Colon-Rectum	17500		
Poumon	6714	Colon-Rectum	19913
Corps de l'utérus	5774	Lèvre-bouche-pharynx	9531

Tab II.1 : Les cancers les plus fréquents, estimé en 2005 (Femme-Homme) **[59]**.

Le cancer du sein est la cause principale du décès chez les femmes. Une femme sur 8 risque de développer un cancer du sein **[60]** . En 2005, le cancer du sein provoqué à eux seuls 502.000 décès dans le monde **[OMS]**.

Il apparaît pour les femmes sous forme d'une tumeur dans le sein. Les tumeurs peuvent être soit malignes ou bénignes. Cependant, différencier une tumeur maligne d'une autre bénigne est une tâche très pénible en raison des similitudes structurelles entre les deux **[6]**. Ceci est illustré dans la **figure II.1** suivante :

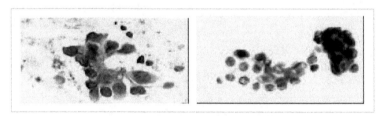

Figure II.1 : Les tumeurs du sein Malignes (à gauche) et bénignes (à droite).

C'est un moment extrêmement critique et une tâche fastidieuse pour le médecin d'identifier précisément les différences structurelles. Une classification précise est essentielle pour y avoir une technique automatisée qui pourrait soulager le médecin de la tâche fastidieuse de distinguer une tumeur maligne d'une autre bénigne **[61]**

[OMS] : organisation mondiale de la santé

II.2   L'ANATOMIE DU SEIN

Les seins sont des organes de nature glandulaire dont la fonction est de produire du lait. Chaque sein se divise en 15 à 20 secteurs, appelés lobes. Chacun de ces lobes se divise en nombreux lobules, plus petits, qui s'achèvent en douzaines de minuscules bulbes sécrétant le lait. Les lobes, lobules et bulbes sont reliés entre eux par les canaux galactophores. Ceux-ci aboutissent au mamelon, situé au centre d'une zone pigmentée, l'aréole. La plus grande partie du sein est constituée de tissu adipeux qui comble l'espace situé entre les différentes structures du sein. Des muscles recouvrant les côtes sous-tendent le sein, mais n'en font pas partie. [62]

Les **figure II.2,3** suivantes illustent l'anatomie d'un sein.

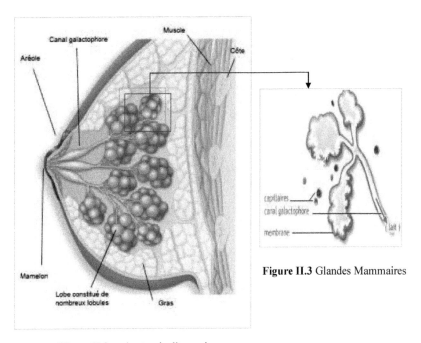

Figure II.3 Glandes Mammaires

Figure II.2 : Anatomie d'un sein

En gras, le sein comporte trois parties essentielles : le sein proprement dit, le mamelon et l'aréole. Le développement des seins est un des signes de la puberté chez les jeunes filles. De nombreuses   hormones participent à ce développement   (prolactine, FSH..).

II.3 LE CANCER DU SEIN

Le cancer du sein est une tumeur maligne qui débute à partir de cellules du sein [7].

Tout comme les femmes, les hommes ont des tissus mammaires et peuvent donc développer le cancer du sein comme le montre la **figue II.4**. Le cancer du sein masculin est le plus souvent   diagnostiqué chez des hommes de plus de 60 ans, mais la maladie peut se manifester à tout âge [63]. Le cancer du sein chez l'homme n'est pas exceptionnel : en effet, il représente environ 0,5 à 1 % de l'ensemble des cancer du sein.[61]

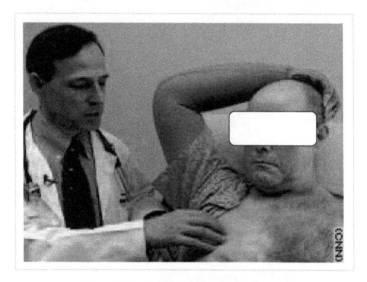

Figure II.4 : Cancer du sein chez l'homme

Les hommes ont une petite quantité de tissu derrière le mamelon et, bien qu'elle ne soit pas aussi importante que chez les femmes, un cancer peut quand même s'y développer [61].

Les hommes atteints d'un cancer du sein peuvent éprouver différents symptômes. Le symptôme le plus courant est une ou plusieurs grosseurs dans le sein.   Les autres symptômes incluent un changement de taille, de forme ou de peau du sein, des changements d'apparence du mamelon, un écoulement de liquide du mamelon,[61]

Le cancer du sein se développe particulièrement chez les hommes qui ont un niveau d'œstrogènes (hormone sexuelle féminine) élevé ou un niveau d'androgènes (hormone masculine) bas, ainsi que si l'un des parents proches (homme ou femme) a été atteint d'un cancer du sein. [61]

Le cancer du sein se développe de la même façon chez les hommes et les femmes **[63]**. Généralement, le cancer du sein apparaît sous forme de grosseur dans le tissu du sein, mais toutes les grosseurs ne sont pas cancéreuses. Toutes les femmes devraient être régulièrement examinées pour le dépistage du cancer du sein. Les femmes plus jeunes ayant un risque élevé de cancer du sein doivent aussi subir à un examen de dépistage.

II.4 LES TYPES DE TUMEURS

Une tumeur est qualifiée de bénigne si les cellules qui la composent gardent les propriétés du tissu normal et se montrent incapables d'envahir d'autres tissus.**[62]**

A l'opposé, une tumeur maligne présente non seulement des cellules dont la taille, la forme et la structure n'ont plus grand-chose à voir avec celles du tissu d'origine mais surtout elles se détachent de leur lieu de naissance et migrent vers d'autres organes**[62]** .Ceci est appelé **métastase.**

Un exemple de ces deux types de tumeurs sont illustrés dans la **figure II.5** suivante :

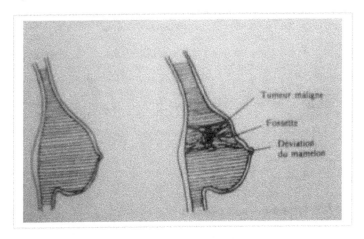

Figure II.5 : Ligaments suspenseurs du sein

La métastase correspond au processus par lequel des cellules tumorales prolifèrent et se disséminent dans l'organisme pour atteindre d'autres organes. Ainsi, le cancer du sein donnera surtout des métastases ganglionnaires, pulmonaires, hépatiques et osseuses **[8]**. Ceci est illustré dans la **figure II.6** suivante :

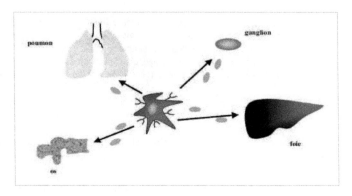

Figure II.6 : Mécanisme de la spécificité tissulaire des métastases

II.5 CLASSIFICATIONS DES CANCERS DU SEIN

Il existe différentes possibilités de classification des tumeurs : selon l'organe, selon le tissu dont elles sont issues, selon leur extension…. **[64]**

Dans ce dernier cas, il est encore possible de distinguer l'extension microscopique ou l'extension macroscopique, clinique . Il n'y a pas une classification, mais des classifications, variables selon les organes, et parfois même ,on peut trouver différentes classifications pour un même organe. Le système le plus connu est celui du TNM (T(tumor), N(nodes),M(metastasis)) **[64]**

On associe à ces 3 lettres des chiffres qui varie de 0 à 4 pour le T, de 0 à 3 pour le N, et sont soit 0 soit 1 pour le M.
➤ Pour la taille de la tumeur :
        T0 : pas de tumeur décelable.
        T1 : tumeur inférieure a 2 cm de diamètre.
        T3 : tumeur supérieur a 5 cm.
        T4 : tumeur avec extension a la paroi. **[9]**
➤ Pour l'extension ganglionnaire et a distance :
        N0 : pas d'adénopathie palpable.
        N1 : adénopathies axillaire homolatérale mobile.
        N2 : adénopathies axillaire homolatérale fixées.
        N3 : adénopathies sus et rétroclaviculaires. **[9]**
➤ Avec M0 : pas de métastase et M1 métastase. **[9]**

II.6 LES FACTEURS DU RISQUE

Il n'existerait pas de facteur unique responsable de l'apparition d'un cancer du sein. En réalité , plusieurs facteurs de risque ont été mis en évidence . Les causes exactes du cancer du sein sont inconnues. Mais il existe des facteurs susceptibles d'augmenter le risque de cancer du sein **[Kissi]**:

- ✓ L'âge est très important. A partir de 50 ans, le risque de développer un cancer du sein augmente sensiblement.
- ✓ Antécédents familiaux avec cancers du sein
- ✓ Le fait de n'avoir jamais eu d'enfant ou naissance du premier enfant après l'âge de 30 ans.
- ✓ Menstruation précoce (avant l'âge de 11 ans)
- ✓ Ménopause à un âge avancé (après 55 ans)
- ✓ Le fait de suivre un traitement hormonal substitutif peut augmenter le risque d'avoir un cancer du sein
- ✓ Consommation d'alcool et obésité peuvent augmenter le risque de développer un cancer du sein

II.7 LES SYMPTOMES

Le but de la sémiologie est d'apprendre au futur médecin les différentes signes et symptômes que peut présenter un malade et à traduire ces signes en langage médicale ce qui sous entend d'un vocabulaire précis.les différentes signes peuvent être classés en trois catégories **[10]** :

- ➤ **Les signes fonctionnels** : sont recueillis par l'interrogation du malade, leur analyse est souvent difficile car elle dépend de la personnalité du malade ,mais aussi de qualités d'écoute de médecin. Elle doit être toujours le préalable de l'examen clinique du malade qu'elle permettra de guider.
- ➤ **Les signes généraux** : sont mesurés de manière précise en unités de mesure : le poids (kg) ; la taille (cm) ;.....ils constituent des éléments objectifs qui peut être recueillis par l'infirmier.
- ➤ **Les signes physiques** : sont découvert et apprécies par le médecin grâce a ces organes de sens : la vue, le toucher et l'ouïe, ils sont analysés lors des différents temps de l'examen clinique : l'inspection, la palpation…

En raison de sa situation anatomique, le sein est facile à palper. Détecter tôt certains cancers permet une prise en charge précoce réduisant ainsi la gravité de la maladie. Les Symptômes du cancer du sein sont très variables **[Malti]**:

- ✓ Le cancer du sein se manifeste en général par la présence d'une boule dans le sein.
- ✓ une modification de la taille ou de la forme des seins
- ✓ une rétraction de la peau du sein.
- ✓ un mamelon inversé, c'est-à-dire tourné vers l'intérieur;
- ✓ Chez certaines patientes, il peut se manifester par un écoulement du mamelon.

[Kissi]: chef service d'anatomo-pathologiste au niveau de C.H.U de Tlemcen

[Malti] : médecin au niveau de Gynécologie (C .H.U de Tlemcen).

✓ Des adénopathies (ganglions) palpables peuvent aussi retrouvées au niveau des aisselles.
✓ Parfois, la peau change d'aspect : peau d'orange ou d'allure inflammatoire.

Le cancer du sein n'est pas attribuable à une seule cause. La plupart des tumeurs cancéreuses sont détectées par les femmes elles-mêmes. D'autres tests seront nécessaires pour confirmer ou écarter un diagnostic de cancer du sein.

II.8   LES METHODES D'EXAMEN

L'examen des seins fait partie intégrante de l'examen gynécologique .Il doit être systématique au cours de toute consultation [11] surtout s'il s'agit d'une femme de risque (supérieur a 35 ans) qui consulte pour une tumeur ,une douleur mammaire ou une anomalie mammaire type rétraction mammaire, aspect de peau d'orange[9] …..

II.8.1 Interrogatoire :
En précisant l'âge de la femme, date d'apparition, les antécédents gynécologiques et familiaux du cancer du sein ainsi que les signes d'évolutivité [9].

II.8.2 Examen physique :

II.8.2.1 Inspection : elle se fait sur une patiente dévêtue jusqu'à ceinture, en position assise, face a l'examinateur, les mains posé sur les genoux joints, puis les bras levés au dessus de la tète. En comparant les deux seins, la femme est examinée de face et de profil. [12].

II.8.2.2 Palpation : se fait sur la malade assise les bras baissés, puis les bras levés au-dessus de la tète et en position couchée en plaçant un petit coussin sous l'épaule du coté du sein que l'on veut examiner ; ainsi le sein s'étale sur la paroi thoracique, ce qui facilite l'examen.
La palpation doit être douce, elle se pratique avec les pulpes des doigts dans un mouvement rotatoire de va-et -vient, elle doit être systématique explorant chaque quadrant. La palpation des creux auxiliaires et des creux sus-claviculaire doit être systématique a la recherche d'adénopathies.[12].

II.9 RESULTATS D'EXAMINASSIONS

II.9.1 A l'état normal : chez les femmes après la puberté, les seins vont subir à des modifications à la cour de la vie génitale.
➤ Au cours du cycle mensuel : après l'ovulation dans la deuxième partie du cycle, une augmentation de volume des seins qui atteint son maximum dans la période

mensuelle est noté, les seins sont alors engorgés, lobulés et douloureux. Dans la première partie du cycle, le sein est plus souple et plus homogène.

➤ Au cours de la grossesse : les seins augmentent de volume, l'aréole s'agrandie. A la palpation, les seins sont fermes et nettement lobulés.

➤ Après la ménopause : les seins ont une consistance fibreuse et nodulaire.[9]

II.9.2 A l'état pathologique : Les seins peuvent être le siège de différents remaniements pathologique : l'abcès du sein, les tumeurs…..

• L'abcès du sein : survient essentiellement en période d'allaitement .il vas évoluer en deux phases **[12]** :

➤ Au début : la malade présente une douleur très vive ,qui l'oblige a suspendre l'allaitement . La palpation douce retrouve une tuméfaction dure ,très douloureuse , par le mamelon s'écoule souvent de l'expression douce du sein, du lait mélangé a du pus.

➤ En l'absence de traitement, quelques jours plus tard apparait une rougeur cutanée a la palpation la tuméfaction devient fluctuante et on retrouve une adénopathie axillaire.

• La tumeur bénigne : a l'inspection une tumeur bénigne n'entraine pas de modification de la morphologie du sein ; a la palpation elle réalise une tuméfaction bien limitée. Mobile par rapport à la peau et par rapport au plan musculaire **[9]**.

• La tumeur maligne : l'inspection peut mettre en évidence : une rétraction cutané, le signes de peau d'orange ,la rétraction du mamelon…..

II.10 EXAMENS COMPLEMENTAIRES

Après l'examen clinique, la mammographie, l'échographie et la cytologie occupent une place très importante dans l'arsenal diagnostique.

II.10.1 Une mammographie : Une radiologie des seins s'appelle une mammographie **[7]**. Les mammographies sont utilisés pour aider a la détection du cancer de sein au stade précoce, quand il peut encore être guéri. **[65]** La **photo II.7** montre un exemple de mammographe .

La mammographie permet de détecter, chez une femme qui n'a aucun symptôme, une tumeur maligne très petite qui ne peut pas être découverte par la palpation . Cet examen constitue également un moyen de diagnostic important lorsque la femme ou le médecin détecte une anomalie à la palpation.

II.10.2 Une échographie : L'échographie n'est pas un examen de dépistage du cancer du sein de première intention **[66]**. Il peut être conseillé après une mammographie afin d'analyser une lésion détectée ou lorsqu'une masse a été découverte lors de la palpation et quelle n'a pas été localisée sur la mammographie. Elle peut aider à localiser l'anomalie pour guider un prélèvement, ou à reconnaitre un kyste. [7]. Un exemple d'ecographie est montré dans la **figure II.8**

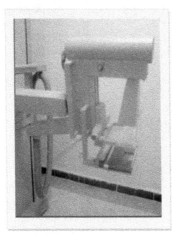

Figure II.7 :Mammographe   **Figure II.8** : Echographe

II.10.3 Une aspiration ou une ponction cytologique : A l'aide d'une aiguille, on aspire des cellules au niveau de l'anomalie. Les cellules sont examinées en utilisant un microscope pour savoir   s'il s'agit d'un cancer. Cette technique est simple et fiable , l'examen   ainsi que les résultats cytologiques   sont   rapides (2-5 min pour l'examinassions) **[12]**. Mais d'autre part l'examen peut être douloureux dans certain situation, bien que cette technique nécessite une équipe bien entrainée.

II.10.4 Une biopsie : la biopsie est le fait de prélever des fragments de tissu au niveau du sein [7].Ceci désigne la technique employée pour prélever sur le vivant un échantillon afin d'apporter un diagnostic, après un examen microscopique qui a pour finalité d'obtenir des renseignements précis sur la structure globale du fragment prélevé.
On distingue deux types de biopsie [7] :

✓ Micro biopsie : le médecin prélève quelques fragments de tissu au niveau de l'anomalie à l'aide d'une aiguille fine.
✓ Macro biopsie : le médecin prélève des fragments plus volumineux de tissu de l'anomalie en utilisant une aiguille plus grosse.

II.11 LES TRAITEMENTS

Les caractéristiques de la tumeur déterminent les choix du traitement. Les options de traitement dépendent de l'état d'avancement du cancer lorsqu'il a été diagnostiqué.

II.11.1 La chirurgie : La plupart des femmes ayant un cancer du sein seront opérées. C'est souvent la première forme de traitement. Il existe deux types de chirurgie pour le cancer du sein **[KISSI]**:

• La chirurgie mammaire conservatrice : a pour but de conserver autant de sein que possible tout en retirant autant de cancer que possible afin qu'il ne revienne pas. Après la chirurgie mammaire conservatrice, la femme doit suivre une radiothérapie pour détruire toutes les cellules cancéreuses restantes.

• La mastectomie : enlève le sein entier, y compris le mamelon. En principe, les hommes ne peuvent pas subir une chirurgie mammaire conservatrice (où seule la grosseur est retirée), parce qu'il y a très peu de tissu dans le sein et que le cancer se trouve généralement près du mamelon. Généralement, une mastectomie est pratiquée ; opération qui consiste à retirer le sein entier. Souvent, les ganglions situés à proximité sont également retirés au cas où le cancer se serait étendu.

II.11.2 La radiothérapie : Après la chirurgie du cancer du sein, d'autre techniques sont envisagées telle que : la radiothérapie, afin de détruire toutes les cellules cancéreuses restantes. Le patient est étendu à l'intérieur d'une machine qui dirige les rayons vers le sein affecté. la radiothérapie utilise des rayons X à haute énergie qui ciblent les cellules cancéreuses. Ce traitement s'applique sur le sein concerné, si celui ci n'a pas été enlevé et permet de détruire les cellules cancéreuses grâce aux irradiations délivrées.**[KISSI]**

II.11.3 La chimiothérapie : Une chimiothérapie est souvent réalisée dans le cadre du cancer du sein. Ses objectifs dépendent de l'extension de la tumeur. C'est un traitement médicamenteux ayant pour but de détruire les cellules malignes. Cette technique est souvent administrée en plusieurs mois. Ce traitement n'est pas proposé lorsque par exemple la tumeur mesure moins d'un centimètre et que les ganglions sentinelles, situées proches de la tumeur ne sont pas atteints **[KISSI]**.

La chimiothérapie peut avoir des effets secondaires tels que la chute des cheveux, des nausées et des aphtes.

II.11.4 L'hormonothérapie : Suivant le type de tumeur, il est possible que d'autres traitements soient prescrits. . Certains cancers sont stimulés par les hormones. Ce traitement consiste à délivrer des molécules bloquant les effets des œstrogènes sur la croissance des cellules cancéreuses. Cette technique repose principalement sur les anti-œstrogènes ou la progestérone **[9]** . Le traitement du cancer des seins est en fonction de l'organe atteint, il fait appelle à plusieurs techniques : la chirurgie , la radiothérapie, la chimiothérapie…..

[Kissi]: chef service d'anatomo-pathologiste au niveau de C.H.U de Tlemcen

II.12 STATISTIQUES EN ALGERIE

Le cancer du sein vient en première position des cancers les plus fréquents chez la femme en Algérie, suivi de celui du col de l'utérus. Selon les statistiques de l'Institut national de la santé publique, basées sur les registres du cancer, il y a environ 7 000 nouveaux cas du cancer du sein par an, ce qui est important. L'âge moyen des femmes touchées par cette maladie est de 45 ans mais cela va de 19 à 97 ans. 9000 cas de cancer du sein dont l'âge moyen est de 45 ans ont été détectés au courant de l'année 2009. [67]

Des études ont montré que l'incidence du cancer a doublé en Algérie entre 1990 et 2005. les femmes en Algérie sont souvent mal informées. Il est nécessaire de les sensibiliser et de les inciter à se faire dépister .L'une des causes les plus fréquemment retrouvées est l'exposition prolongée aux estrogènes qui sont les hormones féminines(une femme qui a eu son cycle très jeune, a eu une ménopause tardive, l'obésité, d'autre part, il y a des médicaments utilisés quand ils sont indiqués et qui augmentent le risque d'avoir un cancer du sein(exemple : pilule)) ;des changements alimentaires et qu'il y a probablement des facteurs génétiques qui interviennent. Il y a 10% des cancers du sein qui sont d'origine familiale (génétique).[67]

En France et dans les pays européens, recommander le dépistage se fait dix ans avant l'âge moyen. En Algérie, l'âge moyen étant de 45 ans. [67] Grâce au dépistage précoce, traiter et guérir cette maladie nécessite une simple chirurgie. Le dépistage est effectué de manière organisée et rapide pour détecter des tumeurs inférieures à un centimètre, il suffit d'enlever cette partie et la femme est définitivement guérie.

Mais malheureusement, les femmes en Algérie consultent très tardivement se qui oblige de faire l'ablation de tout le sein. Pendant notre présente en Centre Hospitalo-universitaire de Tlemcen, nous avons eu l'occasion de visiter le service d'épidémiologie en essayant de ramener quelques statistiques concernant cette maladie et qui sont résumées dans les **tableaux II.2,3,4** suivants

Stade de diagnostic	2006	2007	2008	Total
· Local	9	35	28	72
Locorégional	9	52	42	103
Métastase	23	33	29	85
Indéterminé	95	92	74	261

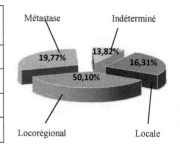

Tab II.2 : Répartition selon le stade de diagnostic

Suivi	2006	2007	2008	Total
Vivant	36	65	87	188
décédé	1	0	4	5
Inconnu	99	147	82	328

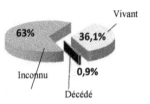

Tab II.3 : Répartition selon le suivi

Com mune	2006	2007	2008	Total
Tlemcen	69	85	71	225
Maghnia	4	26	20	50
Remchi	7	12	18	37
Ghazaouet	10	12	8	30
Hennaya	5	17	7	29
Chetouane	8	8	6	22
Sebdou	4	9	9	22
Bensakrane	2	7	5	14
Nedroma	4	7	3	14
Sabra	3	6	3	12
O/Mimoune	3	3	5	11

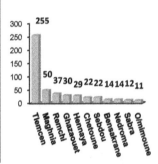

Tab II.4 : Répartition selon la commune

II.13 PREVENTIONS

Bien qu'il n'y ait pas de façon garantie d'empêcher le cancer du sein, une détection le plus tôt possible peut éviter que le cancer ne se propage. Il faut connaître l'apparence et la texture de cette organe, notamment s'il y a des antécédents familiaux. Un mode de vie sain peut prévenir de nombreuses maladies, y compris le cancer.

Pour cela, il est recommander de cesser de fumer, avoir une alimentation pauvre en graisses. L'OMS en partie conseille de manger des fibres, des fruits et des légumes. Ces aliments ont un rôle protecteur. Il est également recommandé de pratiquer régulièrement du sport.

Une alimentation saine et équilibrée peut aider à prévenir le cancer du sein. Par ailleurs, les femmes qui allaitent ont moins de risques d'avoir un cancer du sein que celles qui n'allaitent pas . De plus, il existe des méthodes de dépistage pour le cancer du sein. Si la femme a des antécédents de cancer du sein dans la famille, le risque d'être atteint par telle maladie augmente.

Aujourd'hui, cette maladie se guérit quand elle est diagnostiquée tôt, et est considérée comme une maladie chronique quand elle est diagnostiquée tardivement [67]. C'est une maladie avec laquelle on peut vivre, travailler. ….

Prevention is better
than cure

General Proverb

Chapitre III :

Le Système d'Aide

Au

Diagnostic Médical

III.1 LE SYSTEME D'AIDE AU DIAGNOSTIC MEDICAL

Un problème de diagnostic peut se définir comme un problème de reconnaissance des formes. L'ensemble des états est homologue a un ensemble de classes et le vecteur forme est le vecteur de composantes des paramètres observés sur le système. Un problème de diagnostic semble donc strictement identique à un problème de reconnaissance des formes [13].

La reconnaissance des formes a pour but de reconnaitre une forme parmi les différentes possibilités a partir d'observation bruitées de celle-ci. Il existe plusieurs approches en reconnaissances des formes : la reconnaissance des formes structurelle ou syntaxique, qui exploite les relations entre les composantes de la forme et la reconnaissance des formes de type numérique qui exploite des modélisations probabilistes ou floues des formes.

On supposera que chaque forme est caractérisée par un ensemble de d paramètres, et donc est représentable par un vecteur x dans l'espace R^d, et que l'on observe des formes de M types différents. Si aucun bruit ne marquait chaque forme, chacune d'elle occuperait une position géométrique dans l'espace et l'identification de chaque position permettrait la reconnaissance de chaque type. [14]

Il s'agit donc de construire des frontières réalisant une partition de l'espace R^d de façon a attribuer une des M classes a la forme observé x.Le problème de diagnostic ou de reconnaissance des formes est posé formellement comme suit : [14]

- Définir les paramètres constituants le vecteur forme x, représentatif de l'état du système.

- Définir les M états pour les quelles on dispose des informations : modèle probabiliste de comportements....

- Construire une règle de décision d(x) qui au vecteur observation x , associe soit la décision d'affecter a une classe , soit la décision de rejet de toutes les classes connues (rejet en distance), soit un rejet d'ambigüité.

III.2 RAISONNEMENT ET DECISION MEDICALE

Décider est l'activité essentielle du médecin. Mais souvent les données médicales sont imparfaites d'où l'informatique peut faciliter la prise du décision médicale et améliorer la qualité du diagnostic. La prise de la décision exige une démarche bien définie pour la formalisation du problème.

III.2.1 Le raisonnement médical : On distingue trois types de raisonnement :

- Déduction : Il permet de passer de cas général à un cas plus particulier.
- Induction : c'est le passage de cas particulier à une lois plus générale.

- Abduction : On dispose d'un ensemble d'observations entre les qu'elles on essaye à établir un lien.

La **figure III.1** suivant explique les différents types de raisonnement : [2].

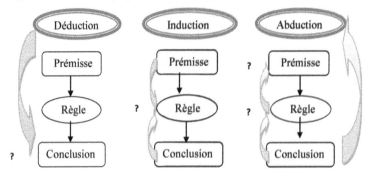

Figure III.1 Différents types de raisonnement

III.2.2 Les étapes de la décision : Le problème de décision peut être défini comme un choix entre plusieurs paramètres et facteurs qui entrent en jeu pour définir notre but d'une manière efficace que possible [15] . La décision médicale se déroule selon trois phases illustré dans la **figure III.2** suivante :

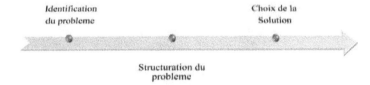

Figure III.2 Différents types de raisonnement

- Identification du problème décisionnel : cette étape permet une interprétation préliminaire des données clinques.

- Structuration du problème décisionnel :de nombreuses interprétations peuvent être faites a partir des même données .Ainsi, le décideur doit sélectionner les données pertinentes conditionné par l'expertise du décideur .le raisonnement peut être de nature déductive, inductive ou adductive. [2]

- Le choix de la solution : la résolution du problème implique sa transformation. [2] .Du problème mal défini a l'origine (de quelle maladie souffre il le patient ?),le médecin doit passer a un problème bien définie :le malade soufre-il de la maladie X ?

Les systèmes informatiques pour les diagnostics médicaux sont l'une des applications des systèmes d'IA. Ils peuvent aider les médecins à améliorer la qualité de leur travail. La tâche de ces systèmes est de reconnaître les maladies (un ou plusieurs), avec lequel un patient est malade [16]

III.3 LES SYSTEMES EXPERTS :

Les machines sont elles capables de penser ? [17]   une question qui est débattu depuis tout les premiers jours de naissance de l'IA . l'intélligence d'une personne se mesure non pas seulement de ce qu'elle sais ,mais par ce qu'elle peut faire de ce savoir , la façon dont elle l'utilise et l'applique .Ce savoir doit être **réel** et **éfficace**.les experts ont donc un passé enregistré et reconnu prouvant qu'ils sont capables d'utilisé ce savoir ,ils sont connues par leur informations qu'ils fournissent , leurs connaissance de leur limites, leur capacité a résoudre les problèmes et leurs explications qu'ils donnent.

Le domaine de l'intelligence artificielle qui a eu le plus d'impact pratique est celui des systèmes basés sur le savoir intelligent appelé aussi systèmes experts.

III.3.1 Définitions:

Un système expert comme le défini (**Welbank 83**) : est un programme qui a une large de connaissance dans un domaine restreint et qui utilise des raisonnements d'inférence complexes pour accomplir des taches dont pourrait s'acquitter un expert humain.

Louis F.Frenzel définit un système expert comme un programme d'intelligence artificielle incorporant une base de connaissance et un moteur d'inférence.

Un système expert doit être capable de donner des explications concises et détaillées. A l'heure actuelle , les systèmes experts sont utilisés pour aider la prise de décision et non pas de supporter toute la responsabilité. Il est possible d'écrire un système expert dans un langage informatique tel que Pascale ou Fortran [18] , mais certain langages spéciaux sont envisagé pour le travail en I.A .

Lisp fut inventé par John Mc Carthy en 1958 est l'un de ces langages. Ce dernier est basé sur l'idée de liste. En effet, les structures de listes sont les seuls types de ces données. Il est considéré comme étant un langage important pour les gens qui travail dans le secteur d'I.A [18].

Un autre type de programmation est la programmation logique.l'un des exemples qui manipule ce type de programmation est Prolog (PROgrammation LOGique) : Il s'agit d'un langage de traitement symbolique des informations. Conçu en 1971 par le Groupe d'Intelligence Artificielle de Luminy., il est employé par les systèmes experts [69].

Un programme Prolog est constitué d'un ensemble de clauses ; une clause est une affirmation portant sur des atomes logiques ; un atome logique exprime une relation entre des termes .

En Prolog, tout est un terme :

- Les termes atomiques ou les constantes.
- Les variables : commencent par une majuscule ou le signe _ .(exVar, X…)
- Les termes composés : Syntaxiquement, un terme composé est de la forme: foncteur(t1, ..., tn) . Le nombre d'arguments n est appelé arité du terme.

Les termes composés se composent d'un foncteur avec une suite d'arguments. Les arguments peuvent être des atomes, des nombres, des variables, ou bien des structures comme par exemple élève(amina, 1988, info, 4, adresse(5, 'Imama', 'Tlemcen')) dont élève est le foncteur principal.

Une clause est une affirmation inconditionnelle (un fait) ou conditionnelle (une règle).

- Un fait est de la forme: A .

ou A est un atome logique, et signifie que la relation définie par A est vraie (sans condition).

Par exemple, le fait : pere(ali,amine) indique que : ``ali est le père de amine ''

- Une règle est de la forme: A0 :- A1 , ……….... , An.

ou A0, A1 , ... , An sont des atomes logiques. Une telle règle signifie que la relation A0 est vraie si les relations A 1 et ... et An sont vraies. A0 est appelé tête de clause et A1, ... , An est appelé corps de clause.

Une variable apparaissant dans la tête d'une règle (et éventuellement dans son corps) est quantifiée universellement. Une variable apparaissant dans le corps d'une clause mais pas dans sa tête est quantifiée existentiellement. Par exemple, la clause :

meme_pere(X,Y) :- pere(P,X), pere(P,Y).

se lit: ``pour tout X et pour tout Y, meme_pere(X,Y) est vrai s'il existe un P tel que pere(P,X) et pere(P,Y) soient vrais".[68]

III.3.2 Architecture d'un système expert :

Un système expert se compose essentiellement de trois éléments comme le montre la **figure III.3** suivante :

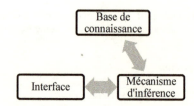

Figure III.3 : Architecture d'un système expert **[19]**

III.3.2.1 Une base de connaissance : elle est constituée d'une base de règle et une base de fait. La base de connaissance contient une représentation du savoir nécessaire. La majorité des systemes experts ont été développés en utilisant le formalisme de régle de prduction **[19]**.cette dernière est utilisé pour sa facilité d'expression ,vérification et validation ainsi que la clarté de la connaissance . **[19]**.

Une regle de production est exprimé de la façon suivante :

Si <condition> **alors** <conclusion>.

III.3.2.2 Un mécanisme d'inférence : est un programme qui exploite la connaissance. On distingue essentiellement trois modes principaux de fonctionnement des moteurs d'inférences :

-    *le chaînage avant* : Le mécanisme du chaînage avant est simple : pour déduire un fait particulier, on déclenche les règles dont les prémisses sont connues jusqu'à ce que le fait à déduire soit également connu ou qu'aucune règle ne soit plus déclenchable.
Soit BF une base de faits, BR une base de règles (ne comportant que des faits booléens positifs) et Fait le fait que l'on cherche à établir, l'algorithme suivant calcule si Fait peut être déduit ou non de la base de connaissances.

ALGORITHME DU CHAINAGE AVANT :
ENTREE : BF, BR, F
DEBUT
   TANT QUE F n'est pas dans BF ET
   QU'il existe dans BR une règle applicable FAIRE
      choisir une règle applicable R (étape de résolution de
            conflits, utilisation d'heuristiques, de métarègles)
      BR = BR - R (désactivation de R)
      BF = BF union concl(R) (déclenchement de la règle R, sa
            conclusion est rajoutée à la base de faits)
   FIN DU TANT QUE
   SI F appartient à BF ALORS
      F est établi
   SINON
      F n'est pas établi

Exemple :

        Soit BF = {B,C}, Fait = H et BR composée des règles :

        Si B et D et E alors F

        Si G et D alors A

        Si C et F alors A

        Si B alors X

        Si D alors E

        Si X et A alors H

        Si C alors D

        Si X et C alors A

        Si X et B alors D

L'algorithme précédent appliqué à ces paramètres prouve que H se déduit de la base de connaissances.

-    *le chaînage arrière* : Le mécanisme de chaînage arrière consiste à partir du fait que l'on souhaite établir, à rechercher toutes les règles qui concluent sur ce fait, à établir la liste des faits qu'il suffit de prouver pour qu'elles puissent se déclencher puis à appliquer récursivement le même mécanisme aux faits contenus dans ces listes. L'exécution de l'algorithme de chaînage arrière peut être décrit par un arbre dont les nœuds sont étiquetés soit par un fait, soit par un des deux mots et, ou. On parle d'arbre et-ou. Sur l'exemple précédent, on obtient un arbre Et_Ou illustré dans la **figure III.4** suivante :

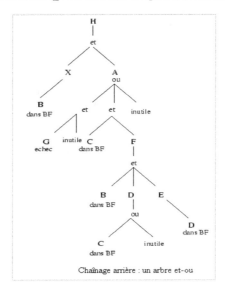

Figure III.4 : Le chainage arrière

- *le chaînage mixte* : Comme son nom l'indique cette algorithme de chaînage combine entre les deux méthodes de chaînage précédentes..

III.3.2.3 Une Interface : permet aux systèmes de données des explications…

III.3.3 Le cycle de base d'un moteur d'inférence :

Le moteur d'inférence est le cœur d'un système expert, quelle que soit sa stratégie de contrôle, ce dernier comporte quatre phases essentielles :

III.3.3.1 Phase de sélection : cette phase consiste a déterminer un sous ensemble de règles de la base de règle et un sous ensemble de fait de la base de fait en utilisant des heuristiques.

III.3.3.2 Phase de filtrage : au cours de cette phase, le moteur d'inférence compare la partie déclencheuse de règles sélectionnées avec les faits de la base des faits pour déterminer l'ensemble des règles applicables.

III.3.3.3 Phase de résolution de conflits :cette phase représente le choix de la règle a appliquer .

III.3.3.4 Phase d'exécution : cette étape permet activer la règle choisie lors de l'étape précédente.

Ce cycle de base est répéter tant qu'il y a des règles a déclencher et qu'il y a des faits a établir et qui ne sont pas encore obtenue.

Un moteur d'inférence peut être caractérisé par la stratégie de recherche adaptées .les stratégies de recherche les plus connues sont :

- La recherche en profondeur d'abord : appelé aussi DFS (**Depth First Search**). : cette stratégie développe toujours le nœud le plus profond de l'arbre de recherche.

- La recherche en largeur d'abord (ou BFS **Breadth Fist Search**): de manière générale tous les nœuds appartenant a une profondeur donné sont développés avant ceux du niveau suivant. Cette stratégie commence par développer le nœud racine puis tout ses successeurs puis les successeurs des successeurs.

- La recherche en profondeur limité : pour remédier au problème des arbres infinies, on fixe une profondeur **L** et en procède a l'exploration en profondeur d'abord.

- La recherche heuristique : cette stratégie utilise une connaissance spécifique pour la résolution du problème qui est l'euristique .une heuristique est une méthode qui permet d'évaluer la probabilité qu'un chemin allant du nœud courant au nœud solution soit meilleur que les autres.

III.3.4 Méthodologie de construction d'un système expert :

La réalisation d'un système expert nécessite un passage d'un ensemble d'étapes décrient dans la **figure III.5** suivante :

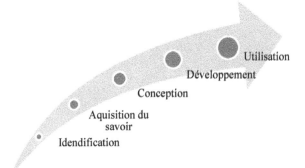

Figure III.5 : Le développement d'un système expert [18]

III.3.5 Conclusion :

Un système expert est un ensemble de programmes avec lequel on peut représenter la connaissance d'un expert humain dans un domaine donné. il est capable d'opérer un certain nombre de raisonnements dans le but de participer à la résolution de problèmes du domaine.

Les débouchés naturels des systèmes experts sont : l'aide à la décision, l'aide au diagnostic, les logiciels conversationnels, le génie logiciel (puisqu'ils permettent d'écrire des programmes fiables sous une forme lisible...).

Ce qui différencie les systèmes experts des programmes informatiques c'est qu'ils se servent d'heuristiques ainsi qu'ils sont pilotés par les données et non par des procédures. Les principaux avantages des systèmes experts résident dans leurs disponibilités, cohérence et leur ampleur d'informations

III.4   LE SYSTEME EXPERT MYCIN

Depuis la naissance de l'intelligence artificielle (I.A) en 1956 suite aux travaux des théories de Newell et Simon ,les systèmes d'aide à la décision-qui sont axés sur ses méthodes notamment les systèmes experts ne cessent de se perfectionner et de se multiplier dans tous les domaines des sciences et des techniques, parmi ces domaines on cite la médecine.

Dans cette partie nous allons introduire comme prototype des systèmes experts dans le domaine médical : Mycin qui Traite les maladies infectieuses du sang.

III.4.1 Histoire :

Le premier système expert fut *DENDRAL* en 1965. Il permettait d'identifier les constituants chimiques d'un matériau. Dans les années 1970, une équipe de Stanford University, sous la direction d'Ed Feigenbaum, ont retenu le domaine de "Thérapie Anti-Biotique".Le résultat été le système *MYCIN* : Conçu 1973 – 1978. MYCIN est un système expert de diagnostic de maladies du sang, avec un vrai moteur et une vraie base de règles. Cependant ses règles étaient affectées de coefficients de vraisemblance qui donnaient à chacune d'entre elles un poids particulier face aux autres. Dans les applications d'aide au diagnostic, on peut également citer le système *GUIDON* qui est un système expert de consultation dans le diagnostic d'infection d'origine bactérienne développé par clancey en 1981.Autre système expert fut *INTERNIST/CADUCEUS* développé à Pittsburg (USA). Réalisé à la faculté de médecine de Marseille entre 1980 et 1984, le système *SPHINX* a été l'un des premiers développés en France. Il a été appliqué dans le domaine de l'aide au diagnostique des ictères et dans celui de l'aide à la thérapeutique du diabète. un autre successeur de *Mycin* était le système *ONCOCIN*, développé à la Stanford Oncology Clinic et conçu pour aider à la prescription en chimiothérapie anti-cancéreuse.

III.4.2 Qu'est-ce que c'est MYCIN?

Un des premiers systèmes experts était Mycin développé à Stanford à partir de 1972 pour la diagnostique médicale. Le but de ce système expert interactif est d'aider les médecins a proposer la meilleure thérapie antimicrobienne pour leur patient atteints d'infections bactériologiques .A partir des symptômes, de l'histoire du patient et de résultats de tests de laboratoire, le système diagnostique la cause de l'infection et propose un traitement selon l'expertise de praticiens des maladies infectieuses. Le processus de sélection du traitement antibiotique est décomposé en quatre parties en faisant appel à une connaissance exprimée sous forme de règles de production :

- Recherche de l'indication d'un traitement de l'infection ;
- Si oui, identification du ou des micro-organismes susceptibles de donner une telle infection ;
- Sélection d'un ensemble de médicaments pouvant être prescrits ;
- Sélection dans cette liste du ou des médicaments à prescrire.

III.4.3 Objectif de Mycin :

L'équipe de *Shortliffe* ont défini dès le début, un ensemble d'objectifs que Mycin doit l'atteindre et qui se résume dans les différents points suivants :

- Facilité d'utilisation
- Fiabilité, flexibilité.
- Manipulation d'un grand nombre de connaissances
- Utilisation des renseignements inexacts ou incomplets

- Explication et justification de ses conseils : A tout instant, l'utilisateur peut
  demander :
  WHY ? - Pourquoi ? - trace de la chaîne de raisonnement en cours.
  How ? - Comment ? - trace la source d'un fait.
- Apprentissage des connaissances.

III.4.4 Architecture de Mycin :

Mycin est un système expert qui est écrit en lisp , raisonne en utilisant le chaînage arrière et adapte la recherche en profondeur d'abord . Son architecture est décrit dans le **schéma III.6** suivant : **[4].**

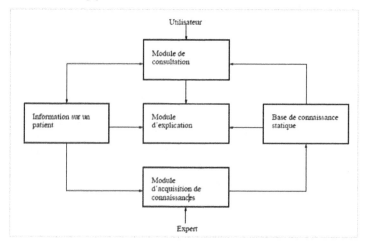

Figure III.6 :Architecture de Mycin

III.4.4.1 Module de consultation : tire des conclusions et donne des avis.
III.4.4.2 Module d'explication : répond aux questions d'utilisateur et tente d'expliquer ses avis.
III.4.4.3 Module d'acquisition des connaissances : permet a l'expert d'ajouter des règles ,ou de modifier celles existantes.
III.4.4.4 Base de connaissance : La base de connaissances statique comporte des règles sous forme « si ....alors ». **[4].**

III.4.5 Organisation de la connaissance :

La connaissance des maladies infectieuses dans MYCIN était représenté par des règles de production, contenant chacun un paquet de connaissances issues de discussions avec les collaborateurs experts. **[1].** Les règles de production de Mycin sont écrit en

Lisp et sont composées de la partie premisse et la partie conclusion. Mycin comporte environ 500 règles dans sa version originale.

Un exemple de règle en Mycin est présenté dans la **figure III.7** suivante :

> Si :
>
> 1)   la coloration de l'organisme est GRAM négatif
> 2)   sa morphologie est un bâtonnet
> 3)   il est aérobie
>
> Alors :
>
> il est vraisemblable (0,8) que l'organisme est un Enterobactariaceae

Figure III.7 : Exemple de règle en Mycin

Les faits relatifs au patient sont représentés, comme le sont les éléments intervenant dans les prémisses, sous forme d'un quadruplet : les trois premiers éléments désignent l'information, le quatrième est la valeur de vraisemblance de l'information :

L'< attribut > de l'< objet > est < valeur > avec certitude < CF>

Objet est nommé 'CONTEXT' en Mycin . **[4].** En Mycin , il existe une douzaine de types de contextes qui peut être des cultures individuelles sur le patient, des organismes ou des traitements . Chacune des entités constitue un contexte. De ce fait, à chaque cas clinique est associé un arbre de contexte qui permet de structurer le problème clinique .Un exemple d'arbre de contexte est donné par la **figure III.8** suivante :

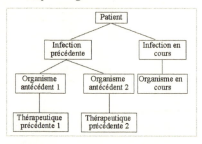

Figure III.8 : Arbre des contextes dans Mycin

III.4.6 Mécanisme de propagation des facteurs d'incertitudes :

Les règles peuvent être associées avec des degrés de confiance :

- Soit A un fait de Mycin : $CF(A) \in [-1,1]$ est le facteur de certitude associé à A.
     Si CF=1 : signifie que l'hypothèse confirme le fait a coup sur.
     Si CF=-1 : signifie qu'elle le contredissent a coup sur .
     Si CF=0 : signifie qu'on ne sait rien dur l'hypothèse.

- Les règles de combinaisons des facteurs de certitudes sont calculées comme suite :

  - Combinaison série : Si A→B est un arc dans le graphe :
    $$CF[B,\{A\}]= CF[A→B]. \max (0,CF[A]).$$
  - Combinaison conjonctive : si on a :

  A
  B ⟍⟍➤ A ∧ B Alors $CF[A ∧ B] = \min (CF[A],CF[B])$.

  - Combinaison disjonctive : si on a dans le graphe :

  A
  B ⟍⟍➤ A ∨ B Alors $CF[A ∨ B] = \max (CF[A],CF[B])$.

  - Combinaison parallèle : si on a dans le graphe (n>1) :

  A1
  A2 ➤ B Alors CF [B,{ A1….An}]=f (CF[B,{A1…An-1},CF[B,{An}])
  ….
  An   Avec f :[0,1]*[0,1]→[0,1] est définie par :

$$f(x,y)= \begin{cases} x+y -x.y & \text{si } x>0, y>0 \\ x+y +x.y & \text{si } x<0, y<0 \\ x+y /(1-\min(|x|,|y|)) & \text{sinon} \end{cases}$$

III.5 CONCLUSION

L'intelligence artificielle en médecine est principalement liée à la construction des programmes d'IA qui effectuent le diagnostic et le traitement recommandé.

Le diagnostic médical semble s'adapter difficilement aux contraintes de l'intelligence artificielle .Ceci se comprend aisément car il n'existe pas une seule forme de la même maladie, ce qui est appelé « forme cliniques » dans le langage médicale. L'aide au diagnostic consiste en la description d'un cas clinique a l'aide des signes issus de l'interrogation ou d'examens de laboratoire. L'approche exhaustive est difficile vue que le cerveau humain n'est pas fait pour garder un trop grand nombre de données, présent en esprit en même temps.

Depuis plus de 20 ans et grâce au développement de cette science pluridisciplinaires et de ces applications, il devient possible de développer des systèmes centrés sur l'action médicale, permettant aux cliniciens et aux médecins de bénéficier des possibilités offertes par cette approche et ces différentes méthodes avancées pour améliorer leurs connaissances, leurs décisions et maîtriser leurs activités.

Chapitre IV :

Les outils utilisés

Ce chapitre comporte trois parties. La
première présente les R.N.S, la
deuxième introduit des notions sur la
logique floue et la troisième traite les
modèles neuro-flous

IV.1.1 INTRODUCTION

Le rêve de créer une machine dotée d'une forme d'intelligence est présent depuis fort longtemps dans l'imagination humaine. Des recherches menées par des scientifiques ont abouties à plusieurs approches dont l'étude des réseaux de neurones formels est l'une d'entre elles.

L'architecture des réseaux de neurones est directement inspirée des structures et du fonctionnement du cerveau, d'où le nom de réseaux neuronaux est habituellement utilisé.

Les réseaux de neurones se trouve a l'intersection de plusieurs domaines (informatique, science cognitive, neurobiologie....) et possède des applications dans des nombreux domaines (industrie, télécommunication et informatique, médecine.....).

Une des principales propriétés des RNA est leur capacité d'apprendre à partir des données. L'apprentissage d'un réseau de neurones signifie qu'il change son comportement de façon à lui permettre de se rapprocher d'un but défini

Nous présentons dans ce chapitre :
- ✓ Un aperçu sur les différents types des réseaux de neurones artificiels et en particulier les deux architectures neuronaux qui vont être utilisé pour la réalisation d'un système d'aide au diagnostic médicale.
- ✓ La logique floue avec ces différents concepts, caractéristiques essentielles et les systèmes a base de connaissance flous.
- ✓ Le système neuro-flous qui sont nés de l'hybridation des réseaux de neurones avec la logique floue de façon à tirer profits des avantages de chacune de ces deux méthodes.

IV.1.2 HISTOIRE

Un premier intérêt pour les réseaux de neurones (également connu sous le nom du «modèles connexionnistes») est apparue après l'introduction du neurone biologique simplifié présenté par McCulloch et Pitts en 1943. [20]

En 1958, Rosenblatt propose le modèle du perceptron [21] qui modélise une première tentative de neurone orienté vers le traitement automatique de l'information.

Parallèlement à ces travaux B.Widrow et M.Hogg proposent le modèle de l'Adaline qui sera repris comme modèle de base des structures multicouches.

Vers la fin des années 1960, un livre publié par Marvin Minsky et Seymour Papert est venu pour jeter beaucoup d'ombre sur le domaine des réseaux de neurones. [22]Entre autres, ces deux auteurs ont démontré les limitations des réseaux développés par Rosenblatt et Widrow-Hoff due à l'impossibilité de réaliser le OU exclusif avec les réseaux de neurones existants.

La recherche était finalement relancée au début des années 80 après un quasi-oubli d'une vingtaine d'années. La cause était l'apparition de nouvelles architectures de réseaux de neurones ainsi que l'invention de l'algorithme de rétro propagation des erreurs. Cela permettait notamment de résoudre le problème du OU exclusif.

C'est ce nouveau développement, généralement attribué a David Rumelhart et James McClelland, mais aussi découvert plus ou moins en même temps par Paul Werbos et par Yann LeCun, qui a littéralement ressuscité le domaine des réseaux de neurones. [22]

Depuis ce temps, le domaine des réseaux de neurones artificiels est en pleine expansion. Il a connu un fort développement depuis les années 1940, avec des périodes de latence mais aussi avec une croissance exponentielle du nombre de chercheurs depuis les années 1980.

IV.1.3 NEURONE BIOLOGIQUE

Le cerveau humain contient environ 100 milliards de neurones. Ces neurones nous permettent, entre autre, de lire des textes tout en maintenant une respiration régulière permettant d'oxygéner le sang. Ce système organique permet une bonne adaptation aux tâches complexes et possède des capacités d'apprentissage, de généralisation et d'auto organisation.

Le *neurone* est une cellule vivante, qui peut prendre des formes variables : pyramidale, sphérique ou étoilée. Sa forme est définie par une *membrane* qui sépare l'intérieur du neurone de l'extérieur .Il est également constitué de prolongements qui lui permettre d'établir des liaisons avec d'autre cellules .les prolongements qui reçoivent des signaux en provenance d'autres cellules s'appellent des *dendrites* . les prolongements, uniques qui diffusent le signale du neurone vers d'autres cellules sont appelés *axone* comme le montre la **figure IV.1** suivante :

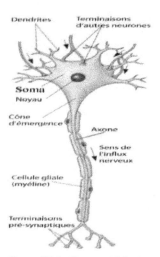

Figure IV.1 :Neurone biologique

IV.1.4 NEURONE FORMEL

Un réseau de neurone artificiel est un système de traitement de l'information qui a certaines caractéristiques en commun avec les réseaux de neurones biologiques. En général, un neurone envoie son activation comme un signal à plusieurs autres neurones. Un neurone peut envoyer un seul signal à la fois, bien que ce signal peut être connecté à plusieurs autres neurones.

Un neurone formel présente un certain nombre d'entrées, les dendrites, un corps traitant les entrées suivant un algorithme, et un axone véhiculant la réponse du neurone. La première modélisation d'un neurone découle des résultats des travaux de Mac Culloch et Pitts.

Les réseaux de neurones artificiels ont été développé comme des généralisations des modèles mathématiques de la cognition humaine ou de la biologie des neurones en se basant sur les hypothèses suivantes [23]:

- Traitement des informations se produit dans de nombreux éléments simples appelés neurones.
- Les signaux sont transmis entre les neurones sur des liaisons de connexion
- Chaque liaison de connexion a un poids associé.
- Chaque neurone applique une fonction d'activation à son entrée pour déterminer son signal de sortie.

Un simple exemple de réseau de neurone artificiel est illustré par la **figure IV.2** suivante:

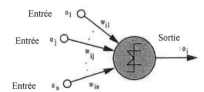

Figure IV.2 Exemple de réseau artificiel simple

Si on :

Oj : un stimulus d'entrée,
Wij : la valeur du poids synaptique entre l'entrée j et le neurone i,
θi, : seuil du neurone i,
Alors le potentiel du neurone i est égal à : $a_i = \sum_{j=1}^{n} w_{ij} o_j$

Le calcul de la sortie effective du neurone se fait en comparant la valeur du potentiel à un seuil. Si la valeur dépasse le seuil, le neurone délivre une sortie +1, sinon, il délivre une sortie égale à 0

$$o_i = \begin{cases} 1 & \text{si } a_i \geq \theta \\ 0 & \text{si } a_i < \theta \end{cases} = \sigma(a_i) \tag{4.1}$$

D'autres fonctions d'activations peut être utilisées pour σ tel qu'il est montrer dans la **figure IV.3 [24]** :

Figure IV.3 Fonction logistique Fonction à seuil Fonction Gaussienne

Ainsi, un réseau de neurones est caractérisée par sa structure de connexions entre les neurones (appelé aussi architecture), Sa méthode d'ajustement des poids de connexion (algorithme d'apprentissage) et sa fonction d'activation.

IV.1.5 ARCHITECTURE DES RESEAUX DE NEURONES

Depuis le début des années 90, de nombreux modèles de réseaux, ont été développés et étudiés. **[25]** . De façon générale on distingue deux grands types des réseaux :

IV.1.5.1 les réseaux « feed-forward » :

Les réseaux de neurones de type feed-forward avec rétro propagation **[26]** constituent l'un des modèles les plus populaires. Leur procédure d'apprentissage supervisé est basé sur une idée simple: si le réseau donne une mauvaise réponse, les poids sur les connexions sont ajustées afin de réduire cette erreur et d'augmenter la probabilité d'une bonne réponse à la prochaine étape. **[27]**.un exemple de réseau est illustré dans la **figure IV.4** suivante:

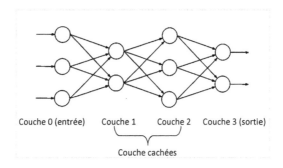

Figure IV.4 : Réseau : feed-forward

Le modèle est composé de trois couches : la couche d'entrée, la couche cachée, et la couche de sortie. Chaque couche est bien connectée à la couche suivante par des connexions pondérées qui propagent le signal dans une direction en avant de l'entrée à la sortie. Aucun traitement aura lieu dans la couche d'entrée i.e le vecteur d'entrée fournie à la couche d'entrée est directement propagée à la couche cachée à travers des poids de connexion. .

IV.1.5.2 Les réseaux «Feed-Back» :

Ces réseaux sont aussi appelés réseaux récurrents. Il s'agit de réseaux de neurones avec retour en arrière. Ce type de réseau est caractérisé par la Présence d'au moins une boucle de rétroaction au niveau des neurones ou entre les couches comme le montre la **figure IV.5** suivante :

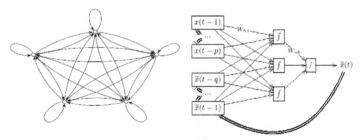

Figure IV.5 :   Réseau de neurone récurrent

IV.1.6 APPRENTISSAGE

L'apprentissage est la caractéristique principale du réseau de neurone. Il peut être considéré comme un problème de mise a jour des poids de connexions au sein du réseau .Deux types d'apprentissage peut être envisagés :

IV.1.6.1 L'apprentissage dit supervisé est caractérisé par la présence d'un «professeur» qui possède une connaissance approfondie de l'environnement. En pratique, les connaissances de ce professeur prennent la forme d'un ensemble de Q couples de vecteurs d'entrée et de sortie que nous noterons $\{(p_1, d_1), (p_2, d_2), \ldots, (p_Q, d_Q)\}$, ou p_i désigne un stimulus (entrée) et d_i la cible pour ce stimulus, c'est-`a-dire les sorties désirées du réseau. Chaque couple (pi, di) correspond donc a un cas de ce que le réseau devrait produire (la cible) pour un stimulus donné. Pour cette raison, l'apprentissage supervisé est aussi qualifié d'apprentissage par des exemples.

IV.1.6.2 L'apprentissage non supervisé : La deuxième forme d'apprentissage est dite «non-supervisée» ou encore «auto-organisée». Elle est caractérisée par l'absence complète de professeur. Nous ne disposons donc que d'un environnement qui fournit des stimulis, et d'un réseau qui doit apprendre sans intervention externe. L'apprentissage non-supervisé s'appuie généralement sur un processus compétitif.

La famille neuronale peut être classifiée comme le montre le schéma **IV.6** suivante :

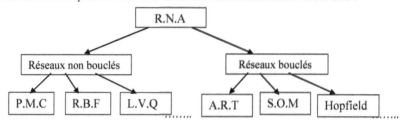

Figure IV.6 :   Principales types de réseaux de neurones

Dans ce qui suit ,nous allons étudié quelques types de ces réseaux.

IV.1.7.1 Les perceptrons :

IV.1.7.1.a Perceptron monocouche : Le perceptron est un modèle simplifié des réseaux de neurones. Historiquement, le premier R.N.A est le perceptron de Rosenblatt inventé en 1958. il est utilisé pour des problèmes linéairement séparables. il est composé d'une couche d'entrée et une couche cachée et il suit généralement un apprentissage supervisé selon la règle de correction d'erreur **[28]**

À la fin des années soixante, une publication de Minski et Papert fait une critique des perceptrons et démontre les limites de ces réseaux à deux couches. En effet, ils ont montré que le perceptron ne peut apprendre que dans les cas dans lesquels les catégories à apprendre sont linéairement séparables comme par exemple dans la fonction logique 'ET'. Le cas le plus connu de tels catégories ne pouvant être séparés linéairement est la fonction logique XOR. La **figure IV.7** ci-dessous illustre ces 2 fonctions.

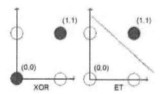

Figure VI.7 :Problème de Ou-exclusive

Dans les années 80, plusieurs chercheurs présentent des solutions à ce problème comme par exemple Rumelhart, Hinton and Williams en 1986. En faite, pour qu'un réseau de neurones de type perceptron (2 couches) puissent interpréter correctement la fonction XOR, il suffit de lui ajouter une couche cachée. À l'aide de cette couche centrale, il devient alors facile de faire apprendre une telle fonction au réseau. Pour ajuster les poids des connexions, il faut rétro-propager l'erreur de la couche de sortie vers la/les couches cachée(s) et pour finir, vers la couche d'entrée d'où la naissance de l'algorithme de *rétropropagation* qui sera détaillé par la suite.

IV.1.7.1.b Le perceptron multicouches : avec rétro- propagation est l'un des modèles des réseau de neurones les plus largement utilisés. Un exemple du perceptron multicouche est illustré dans la **figure IV.8** au-dessous. la couche la plus à gauche représente la couche d'entrée, elle n'effectue aucun calcul, contrairement aux éléments des autres couches. La couche centrale est la couche cachée (il peut y avoir plus d'une couche cachée dans des réseaux complexes). La couche la plus à droite de neurones est la couche de sortie, qui produit des résultats. Il n'y a pas d'interconnexions entre les neurones dans la même couche, mais tous les neurones dans une couche donnée sont entièrement connectés aux neurones dans les couches adjacentes. Ces interconnexions sont associés a des valeurs numériques W_{JM} qui sont ajustées au cours de la phase d'apprentissage. La valeur détenus par chaque neurone est appelée activité a_m **[29]**

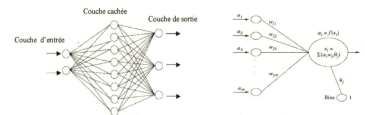

Figure VI.8   (a) Exemple de PMC à trois couches.   (b) Exemple du procédure de propagation en avant du neurone j

L'apprentissage du P.M.C comporte deux passes définies dans la **figure IV.9** suivante :

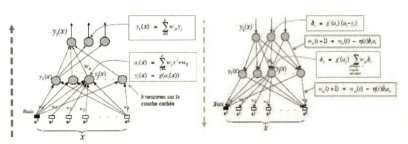

Figure IV.9 Passes Avant & Arrière du P.M.C

Les étapes d'apprentissage du perceptron multicouches se déroulent comme suite :
    1. Présentation d'un exemple parmi l'ensemble d'apprentissage.
    2. Calcul de l'état du réseau.

3. Calcul de l'erreur = fct (sortie réelle - sortie désirée) (e.g. = $(y^j - u^j)^2$).
4. Calcul des gradients par l'algorithme de rétro-propagation de gradient
5. Modification des poids synaptiques
6. Critère d'arrêt : Seuil d'erreur. Nombre de présentation d'exemples, ...
7. Retour en 1

➢ *Apprentissage par Rétropropagation* :

Une des principales capacités d'un réseau de neurones est d'apprendre, des modèles de lois d'apprentissage ont été réalisé dont la rétro-propagation est la plus connue. Cette technique est basée sur la propagation de l'erreur .[30].
La puissance de cet algorithme vient de sa capacité d'ajuster les poids de connexion pour effectuer une tâche particulière. Pour ce faire, cet algorithme utilise une série d'exemples pour l'apprentissage ou chaque vecteur d'entrée est associé à une réponse désirée ou un vecteur de sortie. Ces exemples sont traités un par un par le réseau et les poids sont ajustés en conséquence.
Les étapes de cette algorithme sont décrient au-dessous dans la **figure IV.10** ,Ils sont présentés dans l'ordre dont ils seraient utilisés pendant l'apprentissage : [31]

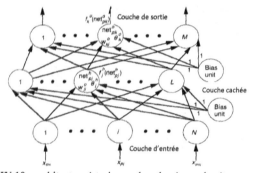

Figure IV.10 : architecture à trois couches du réseau de rétro-propagation

- Appliquer le vecteur d'entrée, $x_p = (x_{p1}, x_{p2}, ... x_{pN})^t$ à la couche d'entrée.
- Calculer les valeurs reliant l'entrée du réseau aux unités couche cachée:

$$\text{net}_{pj}^h = \sum_{i=1}^{N} w_{ji}^h x_{pi} + \theta_j^h \qquad \text{avec } \theta : \text{biais de poids} \qquad (4.2)$$

- Calculer les sorties de la couche cachée: $\quad i_{pj} = f_j^h (\text{net}_{pj}^h) \qquad (4.3)$
- Déplacer vers la couche de sortie. Calculer la valeur d'entrée à chaque unité :

$$\text{net}_{pk}^o = \sum^{L} w_{kj}^v i_{pj} + \theta_k^o \qquad (4.4)$$

- Calculer les sorties : $\quad o_{pk} = f_k^o (\text{net}_{pk}^o)$
- Calculer l'erreur pour les unités de sortie :$\delta_{pk}^o = (y_{pk} - o_{pk}) f_k^{o\prime}(\text{net}_{pk}^o) \quad (4.5)$
- Calculer l'erreur pour les unités caches $\quad \delta_{pj}^h = f_j^{h\prime}(\text{net}_{pj}^h) \sum_k \delta_{pk}^o w_{kj}^o \quad (4.6)$

Ajuster les poids de la couche de sortie : $\quad w_{kj}^o(t+1) = w_{kj}^o(t) + \eta \delta_{pk}^o i_{pj} \quad (4.7)$

- Ajuster les poids de la couche cachée : $w''_{ji}(t+1) = w^h_{jt}(t) + \eta\delta''_{pj}x_i$ (4.8)

  Ensuit : calculer l'erreur :

$$E_p = \frac{1}{2}\sum_{k=1}^{M} k^2_{pk}$$ (4.9)

Cette quantité est la mesure de la façon dont le réseau apparent. Lorsque l'erreur pour chaque paire des vecteurs d'apprentissage est petite, l'apprentissage peut être interrompue.

IV.1.7.2 Les réseaux a fonction radiale : Les réseaux a fonction radiale de base (RBF) sont avant tous des réseaux multicouches, a une couche cachée **[21]** .les fonctions de bases utilisées sont des fonctions gaussiene.les règles d'apprentissage le plus utilisées pour les RBF sont la règle de correction de l'erreur ou la règle par compétition.

IV.1.7.3 L.V.Q : L'algorithme supervisé des réseau de Kohonen est nommé :L.V.Q
L.V.Q (**L**earning **V**ector **Q**uantization) est un algorithme d'apprentissage supervisé inventé par Kohonen en 1988 **[32]**. Il existe plusieurs versions de cette algorithme telle que :LVQ1, LVQ2....
Le vecteur de poids pour une unité de sortie est souvent appelé vecteur « codebook » de la classe qui représente l'unité.
Soit {Wj} dénote l'ensemble des vecteurs Voronoi et {Xi} un vecteur d'entrée. L'exemple de la **figure IV.11** illustre ce principe **[33]**.

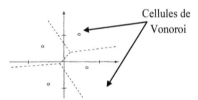

Figure IV.11 : Exemple de diagramme de Voronoi

Si on suppose que **Cwi** représente la classe du vecteur de Voronoi et **Cxi** dénote la classe du vecteur d'entrée Xi alors le poid de Voronoi Wc est ajuté comme suite :

- Si **Cwi = Cxi** alors : $w_c(n+1) = w_c(n) + \alpha_n[x_i - w_c(n)]$ $0<\alpha_n<1$ (4.10)
- Sinon $w_c(n+1) = w_c(n) - \alpha_n[x_i - w_c(n)]$ (4.11)

les autres vecteurs Voronoi sont inchangeables. La **figure IV.12** montre ce changement de poids.

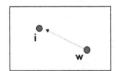 

Figure IV.12 :   Avant l'apprentissage   Après l'apprentissage

Le réseau L.V.Q est un réseaux hybride composé d'une couche compétitive et autre linéaire.[34]

L'architecture d'un réseau de neurones L.V.Q est présenté dans la **figure IV.13** suivante :

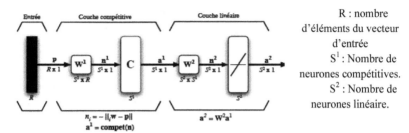

R : nombre d'éléments du vecteur d'entrée

S^1 : Nombre de neurones compétitives.

S^2 : Nombre de neurones linéaire.

Figure VI.13: Architecture de L.V.Q

La couche linéaire transforme les classes du couche compétitive en catégorie cible définie par l'utilisateur. Les classes appris par la couche compétitive sont référées sous « subclasses » et les classes de la couche linéaire sont des classes cibles.

La motivation de l'algorithme d'apprentissage pour le réseau L.V.Q est de trouver l'unité de sortie la plus proche du vecteur d'entrée. Si x et w, appartiennent à la même classe, le poids   doit être déplacé vers le nouveau vecteur d'entrée, par contre s'ils appartiennent à des classes différentes déplacer le poids loin de ce vecteur d'entrée [23]

L'algorithme du réseau L.V.Q peut être résumé dans les étapes suivantes :
Etape 0 : Initialisation des poids Wi de chaque neurone d'entrée.
Etape 1 : Calcule de la distance euclidienne entre le vecteur classifié et le poids Wi :
$$\|X - Wi\| ,$$
Etape 3 : sélection du neurone i ayant la plus faible distance.
Etape 4 : modification du poids Wi selon la formule suivante :
- Si T = Ci alors Wi(nouveau)=Wi(ancien)+ α [X-Wi(ancien)]
- Si T $\neq$ Ci alors Wi(nouveau)=Wi(ancien) - α [X-Wi(ancien)]

Pour les autres neurones, Wi est inchangeable : Wi+1=Wi
Les étapes 1-4 seront répétées jusqu'a atteindre un critère d'arrêt (nombre épochs, ...)

La méthode LVQ (Learning Vector Quantization) permet d'entraîner les réseaux de neurones compétitifs de manière supervisée. Comme la classification se fait par le calcul de distance entre les poids des vecteurs d'entrée, il n'y a pas de mécanisme strict qui permettent de définir si les vecteurs d'entrés sont dans la mêmes classe ou non. Celles-ci peuvent être imposées par l'utilisateur .

IV.1.7.4 Réseau de kohonen :

Ce modèle a été présenté par Kohonen en 1982 , Les cartes de Kohonen sont réalisées à partir d'un réseau à deux couches, une entrée et autre pour la sortie. les neurones de la couche d'entrée sont entièrement connectés à la couche de sortie (Les neurones de sotrie entrent en compétition. Seuls les meilleurs gagnent "Winner takes all") L'apprentissage se déroule comme suite ;

1- Initialisation des poids W_i , $t=0$;
2- Boucle sur les entrées :
   Choisir une entrée $X(t)$,determiner i^* tq $\|X(t)-W_i^*\|$ min
   Adapter les poids $W_i=W_i+\alpha(t)\,(X(t)-W_i)$ pour $i \in V_i^*(t)$
3- $t=t+1$
4- aller a 2 jusqu'à convergence .

IV.1.8 CONCLUSION

Les réseaux de neurones sont composés d'éléments simples (neurones) inspirés par le système nerveux biologique. Comme dans la nature, le fonctionnement du réseau (de neurone) est fortement influencé par la connections des éléments entre eux. On peut entraîner un réseau de neurone pour une tâche spécifique (reconnaissance de caractères par exemple) en ajustant les valeurs des connections (ou poids) entre les éléments (neurone).

En général, l'apprentissage des réseaux de neurones est effectué de sorte que pour une entrée particulière présentée au réseau corresponde une cible spécifique. La méthode d'apprentissage dite supervisé est souvent utilisée mais des techniques d'apprentissage non supervisé existent pour des réseaux de neurones spécifiques.

Dans cette partie, nous avons introduit un aperçue sur les différentes modèles de la famille neuronale Il existe actuellement plusieurs tendances pour le développement de ces modèles .certain travaux de recherche portent sur l'élaboration d'algorithmes adaptées aux traitement des données dans différents domaines tele que la classification .

Malgré que les réseaux de neurones sont connues par leurs capacités d'apprentissage, ce dernier souffre d'un problème majeur réside dans la non interopérabilité des résultats .Pour pallier ce problème, une méthode de classification est introduite appelée la logique floue qui sera détaillée dans la partie qui suit.

IV.2.1 INTRODUCTION

La logique floue se définit comme un outil pour la représentation des connaissances sous une forme proche du langage naturel. Elle est souvent catégorisé parmi les techniques de **l'Intelligence calculatoire** (computational intelligence en anglais ou encore Soft computing), en tant que modèle de représentation de connaissances interprétables. [35].

La logique floue ou encore« Computing with words » comme le définit Zadah dans son article publié en 1996 est une méthodologie dans laquelle les mots sont utilisés à la place de numéros pour le calcul et le raisonnement.[36].

Dans son sens traditionnel, « computing » implique la manipulation des chiffres et de symboles. En revanche, l'homme se sert principalement des mots pour le raisonnement afin d'arriver a des conclusions à partir des prémisses exprimées dans un langage naturel. Les mots possèdent des dénotations floues , tel qu'ils sont utilisés par les humains. De même, cela s'applique au rôle joué par le calcul basé sur les mots.

L'article publié en 1965 par Lofti A. Zadeh est considéré dans l'histoire comme le début de la théorie des sous-ensembles flous. Sur le plan mathématique, la logique floue est rattachée à la catégorie des logiques non classiques, communément appelées logiques non-booléennes multi-valuées. En effet, contrairement au postulat de base de la logique booléenne classique qui donnait deux valeurs de vérité possibles `a toute déclaration, le"vrai"et le "faux", le 1 et le 0, le "oui"et le "non", la logique floue permet d'attribuer plusieurs valeurs `a une déclaration selon un degré de vérité variant de 0 `a 1.

La logique floue qui est donc fondamentalement non binaire, permet d'utiliser le concept de «vérité partielle et relative», correspondant aux valeurs de vérité d'un prédicat comprises entre le complétement faux et le complétement vrai[35]. D'une maniére générale, la logique floue constitue une extension et une généralisation de la logique booléenne conventionnelle. Mais, la spécificité de la logique floue, en tant qu'outil de représentation et de traitement des informations, réside dans le fait qu'elle permet d'assurer le passage du qualitatif au quantitatif, c'est-`a-dire du symbolique au numérique.

IV.2.2 HISTOIRE DE LA LOGIQUE FLOUE

Les points de repères historiques suivants permettent de situer dans le temps le développement de la logique floue et ses applications [37]

➢ En 1973 Lotfi propose d'appliquer la logique floue aux problèmes de réglage. En 1974, première application du réglage par la logique floue appliquée à une turbine à vapeur.

➢ En1975 E.H.Mandani expérimente un régulateur flou qu'il perfectionne au cours des années suivantes.

➢ En1985M.Sugéno décrit des applications industrielles possibles en régulation floue, tel que premières produits industriels (JAPON) utilisant le principe de la logique floue appliqué à des problèmes de réglage et de commande.

➢ En1995 J.S.R.Jang élargit la logique floue aux systèmes à réseaux de neurones et l'intelligence artificielle.

IV.2.3 LA THEORIE DES ENSSEMBLE FLOUS

Bien que les ordinateurs ne traitent que des nombres ,les individus utilisent essentiellement des concepts liés entre eux par des règles logiques .Ces concepts qui possèdent un fort contenu sémantique ,sont matérialisés par des mots, plus ou moins vagues.la logique floue se propose de formaliser l'usage des termes vagues ,dans le but de les rendre manipulables par les ordinateurs.

En comparant la méthodologie et les propriétés de la logique floue avec celles de la logique booléenne, on se rend compte du fait qu'il y a quelques raisons majeures qui justifient les avantages d'utilisation de la logique floue en tant qu'outil pour la représentation des connaissances.

✓ La logique floue est proche du raisonnement de l'être humain et son expression n'est pas éloignée du langage naturel.

✓ Elle permet une bonne représentation et exploitation des connaissances, et sa mise en œuvre rend possible le passage du qualitatif au quantitatif.

✓ Cette logique permet d'éviter les effets de seuil entre deux états consécutifs.

IV.2.3.1 Généralités :

La théorie des ensembles flous repose sur la notion d'appartenance partielle : chaque élément appartient partiellement ou graduellement aux ensembles flous qui ont été définis.

IV.2.3.1.a Variables linguistiques et sous ensemble flous:

La description imprécise d'une certaine situation, d'un phénomène ou d'une grandeur physique ne peut se faire que par des expressions relatives ou floues à savoir [38] :

-Quelque **Q**, Beaucoup **B**, Souvent **S**,
-Chaud **C**, Froid **F**, Rapide **R**, Lent **L**,
-Grand **G, Petit P**, etc.

Ces différentes classes d'expressions floues dites ensembles flous forment ce qu'on appelle des *variables linguistiques*. Afin de pouvoir traiter numériquement ces variables linguistiques (normalisées sur un intervalle appelé *univers de discours*), il faut les soumettre à une définition mathématique à base de fonctions d'appartenance qui montre le degré de vérification (appelé degré d'appartenance) de ces variables linguistiques relativement aux différents sous ensembles flous de la même classe.

Un *sous-ensemble flou* A de X est défini par une fonction d'appartenance qui associe à chaque élément x de X le degré A f (x), compris entre 0 et 1, tel que montre la **figure IV.14.**

Exemple

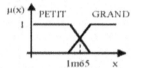

On parle de variable linguistique taille et de valeurs linguistique petit et grand avec μ(x)∈[0,1]

Figure IV.14 : Variable & Valeurs Linguistiques

Les sous-ensembles flous servent à décrire des concepts vagues, imprécis, des propriétés graduelles ou des événements incertains. **[39]** On attribue à chaque valeur des variables linguistiques des fonctions d'appartenances de formes différentes dont voici quelque uns illustrées dans la **figure IV.15** suivante:

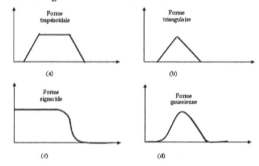

Figure IV.15 : Formes usuelles des fonctions d'appartenance

IV.2.3.2 Notions caractéristiques:

Soit A un sous ensemble flou de $\mathbb{R}$

- *Support* de A : C'est l'ensemble des points pour lesquels le degré d'appartenance est non nul. $S_A = \{ x \in R / \mu_A(x) > 0\}$
- α-coupe de A avec $\alpha \in [0,1]$: $N_\alpha (A) = \{x \in R / \mu_A(x) \geq \alpha\}$.
- *Noyau* de A : C'est l'ensemble des éléments correspond aux points dont le degré d'appartenance est égale à 1.

$$Noy(A) = \{x \in R / \mu_A(x)=1\}$$

- *Hauteur* de A : C'est la borne supérieure d'une fonction d'appartenance :

$$h (A) = Sup_{(x \in A)} \mu_A(x).$$

Dans la **figure IV.16** suivante nous indiquons un exemple de sous ensemble normalisé ainsi que son noyau, son support et sa hauteur. Un ensemble est dit normaliser s'il est de hauteur 1.

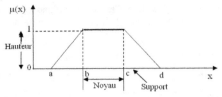

Figure IV.16 : Format d'un ensemble flou normalisé

Une *t-norme* est une application T(x,y) satisfaisant les conditions suivantes:
- 1 est élément neutre $\forall x \in [0,1]$ T (x ,1) =T(1,x)=x .
- Commutative : T(x ,y) =T(y ,x)
- Associative :T (x ,T (y ,z))=T ((x , y),z)
- Monotone : si $x \leq y$ et $y \leq z$ alors T(x,y) $\leq$ T(y,z)

Une *t-conorme* est une application T(x,y) satisfaisant les conditions suivantes:
- 0 est élément neutre $\forall x \in [0,1]$ T (x ,0) =T(0,x)=0 .
- Commutative : T(x ,y) =T(y ,x)
- Associative :T (x ,T (y ,z))=T ((x , y),z)
- Monotone : si $x \leq y$ et $y \leq z$ alors T(x,y) $\leq$ T(y,z)

IV.2.3.3 Les opérations floues :

L'union, l'intersection, et le complément sont les opérations de base pour les ensembles classiques   . A travers ces trois opérations, on peut établir d'autres opérations résumé dans **tableau IV.1** suivant :

Distributivité	$A \cup (B \cap C) = (A \cup B) \cap (A \cup C)$ $A \cap (B \cup C) = (A \cap B) \cup (A \cap C)$
Commutativité	$A \cap B = B \cap A. \ A \cup B = B \cup A$
Associativité	$(A \cup B) \cup C = A \cup (B \cup C)$ $(A \cap B) \cap C = A \cap (B \cap C)$
Loi de contradiction	$A \cap \overline{A} = \emptyset$
Loi de Morgan	$\overline{A \cup B} = \overline{A} \cap \overline{B}$ $\overline{A \cap B} = \overline{A} \cup \overline{B}$
Absorption	$A \cup (A \cap B) = A$ $A \cap (A \cup B) = A$

Tab IV.1 Opérations de la logique classique

Avec A , B , C sont des ensembles , $\overline{A}$, $\overline{B}$, $\overline{C}$ leurs complément , ϕ l'ensemble vide et X représente l'univers de discours qui peut contenir des valeurs continues ou discrètes.

On définit en théorie des sous ensembles flous les mêmes notions qu'en théorie des ensembles classique **[40]**. Ces fonctions sont illustrées dans la **figure IV.17**. Pour deux sous ensembles fous A et B de l'ensemble X:

- L'union de A et B, noté par A $\cup$B, est définie par :

$$\mu_{A\cup B}(u) = \max[\,\mu_A(u), \mu_B(u)]$$

- L'intersection de A et B, noté par A∩B, est définie par :

$$\mu_{A\cap B}(u) = \min[\mu_A(u), \mu_B(u)]$$

- Le complément de A, noté par Ā, définies par:

$$\mu_{\neg}(u) = 1 - \mu_{\,\iota}(u)$$

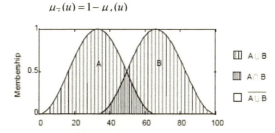

Figure IV.17 :Les fonctions primitives de la logique floue **[41]**

IV.2.3.4 Représentation des connaissances :

La connaissance de l'être humain est souvent exprimée sous forme de règles de type :   **Si** condition **Alors** conclusion.

Exemple :
    SI la température élevée et la pression forte **ALORS** ventilation forte et   soupape grande ouverte
Le traitement des connaissances par logique floue nécessite quatre éléments **[42]**

- ✓ Une base de règle écrite en langage naturelle.
- ✓ Un mécanise d'interprétation des données floues permettant le passage du symbolique au numérique.
- ✓ Un moteur d'inférence.
- ✓ Des algorithmes d'apprentissage permettant d'obtenir des réponses plus précises que possibles.

IV.2.4 SYSTEME D'INFERENCE FLOUE

Un classifieur est considéré comme « opaque » lorsque sa modélisation n'est pas interprétable et que la façon dont il est parvenu a ce résultat ne peut être expliquée a postériori.[42]

On parle aussi de boîte noire, ce qui est le cas des réseaux de neurones. les systèmes a base des règles, comme les modèles flous, sont très souvent utilisés en intelligence artificielle notamment pour la mise en œuvre des systèmes experts, reconnaissances et classifications. D'ou l'intérêt de leurs applications dans le domaine médicale, notamment lorsque le mécanisme de décision doit être interprétable pour l'utilisateur.

Un système d'inférence floue peut être classifié selon quartes catégories présentées dan le **tableau IV.2** suivant : **[43]**

Classe :	Paramètre :
Logique :	Le mécanisme de raisonnement Les opérateurs flous Les types des fonctions d'appartenance La méthode de déffuzzification
Structurelle :	Le nombre des fonctions d'appartenance, des règles, des variables linguistiques
Connective :	Antécédents et conséquences des regles, le poids des règles..
Opérationnel :	Les valeurs des fonctions d'appartenances.

Tab IV.2 : La classification des paramètres du SIF

1)- les paramètres logiques : incluent les opérateurs de la logique floue appliquée pour les méthodes d'implication, d'agrégation et de deffuzzification ainsi que le type des opérateurs adaptés pour And, Or...

2)- les paramètres structurels : incluent les nombres des variables participant à l'inférence, le nombre des fonctions d'appartenance qui définit chaque variable linguistique ainsi que le nombre des règles utilisées.

3)- Les paramètres connectifs : définis la topologie du système .ceci incluent la connexion entre les différentes instances linguistiques (les antécédents, conclusions, et les poids des règles).

4)- les paramètres opérationnels: Ces paramètres définissent la correspondance entre la représentation linguistique et numérique des variables.

Un système d'inférence flou, aussi appelé : système expert floue, le modèle floue, le système a base de règles floues, ou tout court : le système flou est construit a partir de trois composants conceptuels :

✓ Base de règle : Une base des règles floues est composée de règles qui sont généralement déclenchées en parallèle.
✓ Base de donnés : définie les fonctions d'appartenance utilisées pour les règles floues.
✓ Le mécanisme de raisonnement : représente la procédure d'inférence appelée aussi la généralisation du *modus-ponens* ou raisonnement approximative.

Généralement , un système d'inférence flou comprend trois étapes [29],décrit dans la **figure IV.18** suivante :

Figure IV.18 : Système d'inférence flou

IV.2.5.1 Fuzzification : Cette première étape détermine le degré d'appartenance de chaque variable d'entrée .celui-ci est déterminé a l'aide des fonctions d'appartenance définie dans le système, tel est l'exemple de la **figure IV.19**.

Exemple :

(NG :Négative Grand ;NM :Négative Moyen ……..)

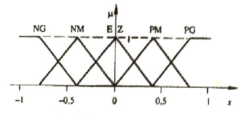

Figure IV.19: Exemple de Fuzzification

Pour x=0.5 → on associe μ_{PM} (0.5) = 0.75 et μ_{PG} (0.5) = 0.25
Pour x=-0.1 → on associe μ_{EZ} (-0.1) = 0.9 et μ_{PM} (-0.1) = 0.1
D'où chaque variable linguistique d'entrée x fait correspondre a une valeur linguistique (NG ,NM,EZ,PM,PG) avec un degré d'appartenace.

IV.2.5.2 Inférence floue : donne la relation qui existe entre les variables d'entrées et les variables de sorties.

Exemple :

Soit deux entrées x_1 et x_2 et une sortie x_R décrient par les sous ensemble flous illustrées dans la **figure IV.19** suivante:

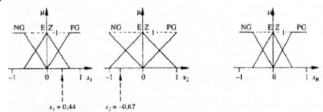

Figure IV.20 : Fonctions. d'appartenance servant pour les méthodes d'inférence

Supposant qu'on a x1=0.44 et x2=-0.67 et les deux règles suivantes :

Si (x1 est PG et x2 est EZ) alors x_R est EZ   ou

Si (x1 est EZ ou x2 est NG) alors x_R est NG

Il existe plusieurs manières pour décrire l'inférence floue :

- Méthode Max-Min : Cette méthode remplace l'opérateur: Et par Min et Ou par Max au niveau de la condition et l'opérateur d'implication par Min. Pour l'agrégation, on utilise généralement le Max. La **figure IV.21** montre un exemple.

Exemple de la méthode Max-Min :

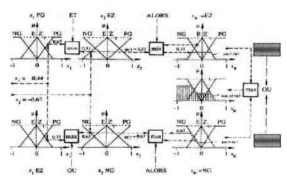

Figure IV.21: Méthode d'inférence Max-Min

- Méthode Max-Produit : Cette méthode utilise le Min pour remplacer l'opérateur: Et et le Max pour l'opérateur Ou au niveau de la condition et modélise l'implication par le produit .pour l'agrégation, on utilise généralement le Max. un exemple de cette méthode est illustré dans la **figure IV.22**.

Exemple de la méthode Max-Produit:

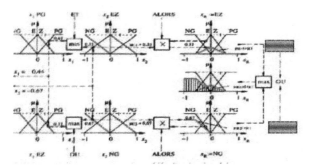

Figure IV.22 :Méthode d'inférence Max-Produit

• Méthode Somme-Produit : il ne s'agit pas d'une somme normale mais de la valeur moyenne .au niveau de la prémisse, l'opérateur Et est représenté par le Produit et le Ou par La somme .pour l'implication, elle est modélisée par le Produit. Pour l'agrégation, on utilise la somme. Voici un exemple illustré dans la **figure IV.23**.

Exemple de la méthode Somme-Produit :

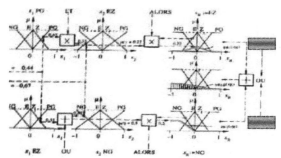

Figure IV.23 :Méthode d'inférence Somme-Produit

IV.2.5.3 Défuzzification : Les méthodes d'inférence fournissent une fonction d'appartenance résultante pour la variable de sortie .Il s'agit donc d'une information floue qu'il faut transformer en valeur numérique.

Plusieurs méthodes existent pour la réalisation de cette étape [44], citant a titre d'exemple :

- Centre de gravité :

Elle consiste à prendre comme solution l'abscisse du centre de gravité de la solution. La sortie déffuzzifiée est donnée par : $x^* = \frac{\int \mu_F(x) \cdot x dx}{\int \mu_F(x) dx}$ (4.12)

La **figure IV.24** montre un exemple de cette méthode

Exemple de la méthode Centre de gravité :

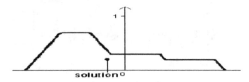

Figure IV.24 : Méthode de centre de gravité

- Moyenne de maximum : la sortie est définie par : $x^* = \frac{\sum_{i=1}^{} \overline{x}_i}{n}$ (4.13)
- Moyenne pondéré : elle est donnée par la formule suivante : $x^* = \frac{\sum \mu_F(\overline{x}_i) \cdot \overline{x}_i}{\sum \mu_F(\overline{x}_i)}$ (4.14)

avec Σ : dénote une sommation algébrique et x_i est le $\overline{\max}$ de la i^{eme} fonction d'appartenance.

La *fuzzification* consiste à transformer les entrées numériques en parties floues. Ceci alimente alors le mécanisme d'*inférence* qui à partir des valeurs d'entrées et selon la *basse de connaissance*, détermine la valeur correspondante de la sortie. Enfin, la *défuzzification* joue le rôle inverse de la fuzzification, en convertissant les parties floues relatives aux sorties du mécanisme d'inférence en sorties numériques.

IV.2.6 LES TYPES DES SIF

Il existe principalement deux types de systèmes flous :

IV.2.6.1 Système floue de Mandani : Dans ce type de systèmes flous, la prémisse et la conclusion sont floues.Après la réalisation de l'inférence floue.Une étape de « défuzzification » est obligatoire pour le passage du symbolique au numérique. Un exemple de ce SIF est illustré dans la **figure IV.25**

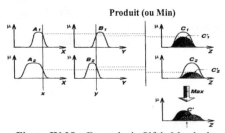

Figure IV.25 : Exemple du Sif de Mandani

IV.2.6.2 Système floue de Takagi-Sugeno : Ce modèle est proposé par Takagi, Sugeno et Kang **[45]** . il est composé d'une base de règles floues de la forme :

Si x est Ai et y est Bi Alors z= f (x, y). avec f est une fonction nette.

Dans ce type de SIF, la conclusion correspond a une constante ou une expression polynomiale .Il permet d'obtenir directement la sortie défuzzifiée à partir des règles linguistiques. Ainsi , un poids est associé à chaque règle, sa valeur dépend de la logique adoptée pour les opérateurs ET et OU contenus dans les prémisses des règles. La **figure IV.26** montre un exemple de SIF de Sugeno.

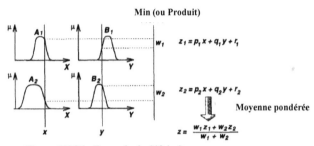

Figure IV.26 :Exemple du Sif de Sugeno

IV.2.7 CONCLUSION

La logique floue est accessible a tous .Zadeh a offert un outil puissant pour la modélisation des systèmes pour lesquels on dispose de données approximatives ou imprécises. Les ensembles flous peuvent intervenir dans la modélisation des systèmes dues a leur capacité caractéristiques du gradualité et leur aptitude à traiter des connaissances imparfaites.

Les systèmes floues sont connues par leurs capacités de traitement qui se fait au niveau symbolique ainsi que leurs représentation de l'imprécision et l'incertitude d'un expert humain .ceci a augmenté le nombre des domaines d'application qui utilisent la logique floue parmi les quelles, on trouve la médecine.

La logique floue et les réseaux de neurones forment aujourd'hui la base de la majorité des systèmes intelligents d'aide au diagnostic et à la décision. Il serait intéressant de fusionner les deux pour exploiter la richesse des deux approches. Dans la partie qui suit , nous traitons quelques types d' hybridation de la logique floue aves les réseaux de neurone et nous détaillons l' Anfis (**A**daptative **N**euro-**F**uzzy **I**nference **S**ystem) en expliquant son architecture et son principe de fonctionnement et nous essayons par la suite de l'adopter pour notre application

Plusieurs types d'hybridation de la logique floue et les réseaux de neurones existent, nous allons citées quelques uns telle que : Nefcon, Falcon, Fun, et nous détaillons un autre type appelé Anfis qui sera utilisé pour la résolution de notre problématique.

IV. 3.1.1 FALCON : (Fuzzy Adaptive learning Control Network)
Comme le montre la **figure IV.27** au-dessous, Falcon est un réseau comportant cinq couches .il possède deux nœuds linguistiques, une pour la sortie désiré et l'autre pour la sortie du Falcon .

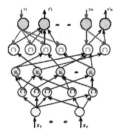

Figure IV.27 : Architecture de   FALCON

La première couche cachée est responsable de La fuzzification des variables d'entrées tandis que la deuxième couche définit les parties antécédentes des règles floues suivie par les parties conséquences des règles dans la troisième couche cachée. FALCON utilise un apprentissage hybride pour l'ajustement des paramètres des fonctions d'appartenance afin de générer les sorties désirées.

IV.3.1.2 NEFCON : (Neuro-Fuzzy Control)
NEFCON vise à mettre en œuvre le SIF de type Mamdani . il est composée de trois couches : une couche d'entrée incluant les nœuds d'entrées et les sous emsemble flous d'antécédant,une couche cachée formé par des regles et un neurone de sortie pour les sous-ensemble flous des consequances. NEFCON peut être employé pour apprendre des règles initiales, si aucune connaissance   du système n'est disponible ou même pour optimiser une base de règle définie. L'architecture de ce modèle est illustré par la **figure IV.28** suivante.

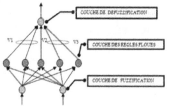

Figure IV.28 : Architecture de NEFCON

IV.3.1.3 FUN : (Fuzzy Net)

Pour FUN , les neurones dans la première couche cachée contient les fonctions d'appartenance pour exercer une fuzzification des valeurs d'entrée. Dans la deuxième couche cachée, les conjonctions (fuzzy-AND) sont calculés. Les fonctions d'appartenances des variables de sortie sont stockées dans la troisième couche cachée. Leur fonction d'activation est un (fuzzy-OR).

A la fin , le neurone de sortie effectue la défuzzification. Le réseau est initialisé avec une base de règles floues et les fonctions d'appartenance correspondant .il utilise une technique d'apprentissage qui change les paramètres des fonctions d'appartenance.

IV.3.2 LE MODELE ANFIS

le modèle Anfis (Adaptative Neuro-Fuzzy Inference System) est un réseau de neurone flou proposé en 1993 par Jang.[46].Le réseau comporte cinq couches représenté dans la **figure IV.29** suivante :

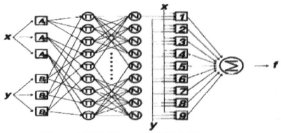

Figure IV.29: Réseau ANFIS [45]

Les nœuds sont de deux types différents selon leur fonctionnalité: des nœuds adaptatifs (carrés) et des nœuds fixes (circulaires).[47].

IV.3.3 ARCHITECTURE DE L'ANFIS

Pour simplifier la compréhension, nous considérons un modèle T.S.K, composé de deux entrées (x et y), une seule sortie globale (f) et de deux règles. Tel qu'il est montré dans la **figure IV.30**

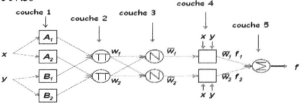

Figure IV.30 Architecture de l'ANFIS [48]

Règle 1 :   Si x est A1 et y est B1 alors f1= p1 x+q1 y+r1.
Règle 2 :   Si x est A2 et y est B2 alors f2= p2 x+q2 y+r2.

La sortie O^k_i d'un nœud i de la couche k (appelée *noeud (i,k)*) dépend des signaux provenant de la couche k-1 et des paramètres du nœud (i,k) .**[45]**

✓ *Couche 1* : cette couche comporte autant de neurones qu'il y'a de sous ensembles flous dans le système d'inférence flou. Les nœuds de cette couche sont tous de types adaptatifs. Cette couche réalise la fuzzification des entrées c'est à – dire qu'elle détermine les degrés d'appartenance de chaque entrée (O_i^1):

$$O_{1,i} = \mu_{Ai}(x) \qquad \text{Pour i=1,2} \qquad (4.15)$$
$$O_{1,i} = \mu_{Bi\text{-}2}(y) \qquad \text{Pour i=3,4} \qquad (4.16)$$

Ces paramètres sont appelés *les paramètres prémisses*. Les sous ensemble flous choisies peut être de forme : Gaussien, triangle, trapézoïdal…
Les fonctions généralisées correspondant sont:

Triangle : $\quad \mu(x)=\max\left(\min\left(\frac{x-a}{b-a},\frac{c-x}{c-b}\right),0\right)$ $\qquad (4.17)$

Trapézoïdale : $\quad \mu(x)=\max\left(\min\left(\frac{x-a}{b-a},1,\frac{d-x}{d-c}\right),0\right)$ $\qquad (4.18)$

Gaussienne $\quad \mu(x)=\exp\left(-\frac{(x-c)^2}{\sigma^2}\right)$ $\qquad (4.19)$

Avec {a, b, c, σ } est l'ensemble des paramètres.

✓ *Couche 2* : Les nœuds de cette couche sont des nœuds fixes. Ils reçoivent les signaux de sortie de la couche précédente et envoient leur produit en sortie .cette couche engendre le degré d'activation d'une règle. Ceci dépend des opérateurs présents dans les règles (ET ou OU).

$$O_{2,i} = W_i = \mu_{Ai}(x)\,\mu_{Bi}(y) \qquad \text{i=1,2} \qquad (4.20)$$

✓ *Couche 3* : Chaque neurone dans cette couche calcule le degré de vérité normalisé d'une règle floue donnée. Le résultat à la sortie de chaque nœud représente la contribution de cette règle au résultat final.

$$O_{3,i} = \overline{W_i} = \frac{W_i}{W_1+W_2} \qquad \text{i=1,2} \qquad (4.21)$$

✓ *Couche 4* : Les noeuds dans cette couche sont des noeuds adaptatifs. Chacun de ces noeuds est relié à un neurone de normalisation correspondant et aux entrées initiales du réseau. La sortie d'un noeud i est donnée par :

$$O_{4,i} = \overline{W_i}\, f_i = \overline{W_i}\,(p_i x + q_i y + r_i) \qquad (4.22)$$

Où $\overline{w_i}$ est la sortie de la troisième couche, et $\{p_i, q_i, r_i\}$ est l'ensemble des paramètres. Ces paramètres sont appelés *les paramètres conséquents*.

✓ *Couche 5 :* Cette couche comprend un seul neurone circulaire qui effectue la somme des signaux provenant de la couche précédente pour donner la sortie finale du réseau :

$$O_{5,1} = \Sigma \overline{W_i}\, f_i = \frac{\Sigma_i W_i f_i}{\Sigma_i W_i} \qquad (4.23)$$

Une autre architecture du modèle ANFIS est montrée dans la **figure IV.31** suivante.

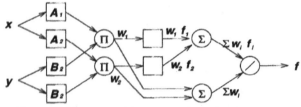

Figure IV.31 : Autre architecture pour le modèle ANFIS [45]

IV.3.4 APPRENTISSAGE DE L'ANFIS

L'ajustement des paramètres de l'Anfis est réalisé lors de la phase d'apprentissage. Cette étape commence par la construction d'un réseau initiale, ensuite on applique une méthode d'apprentissage par rétroprobagation[49]. Jang a proposé d'appliquer une méthode hybride .[50]

L'algorithme d'apprentissage hybride est une association de la méthode de descente de gradient et de la méthode d'estimation des moindres carrés. La méthode de descente de gradient permet d'ajuster les prémisses en fixant les paramètres conséquents alors que la méthode LSM (Least square Method) ajuste les paramètres conséquents en fixant les prémisses.[51] . Ceci est présenté dans le **tableau IV.3** suivant

	Passage Vers l'avant	Passage En arrière
Paramètres des fonctions d'appartenances $(a_i, b_i, c_i...)$	fixe	Rétro propagation
Paramètre de coefficient (p, q, r) (conclusion)	moindres carrés	fixe

Tab IV.3 : Les paramètres à ajuster pour l' ANFIS [45]

Dans l'architecture ANFIS déjà proposée, la sortie globale peuvent être exprimé en tant que des combinaisons linéaires des paramètres conséquents. La conclusion (la sortie) peut être récrite comme suite:

$$f = \frac{w1}{w1+w2}f1 + \frac{w2}{w1+w2}f2 \tag{4.24}$$

$$= (\overline{w_1}x)p_1 + (\overline{w_1}y)q_1 + (\overline{w_1})r_1 + (\overline{w_2}x)p_2 + (\overline{w_2}y)q_2 + (\overline{w_2})r_2$$

IV.3.5 CONCLUSION

Les réseaux de neurones et la logique floue sont deux approches qui sont très utilisées pour résoudre les problèmes de la classification et la reconnaissance des formes.

L'avantage principal des réseaux de neurones réside dans leurs capacités d'apprentissage et leurs facilités d'implémentation, par contre la non interprétablilité de ces résultats constitue un inconvénient majeur (boîte noire).

Les systèmes d'inférence flous permettent d'interpréter leurs résultats grâce à leur base de connaissances (base de règles). L'utilisation conjointe des réseaux de neurones et les systèmes d'inférence flous permettent d'exploiter les avantages des deux méthodes.

Le **tableau IV.4** ci-dessous regroupe une vue comparative entre les deux approches :

Les réseaux de neurones	La logique floue :
La base de règle ne peut être utilisée	La base de règle peut être utilisée
Basé sur l'apprentissage	Pas d'apprentissage (utilise la connaissance linguistique)
Boite noire	Interprétable (la règle Si…Alors)
Complexité des algorithms d'apprentissage	Implémentation universel et simple
Difficulté pour extraire la connaissance	La connaissance doit être disponible

Tab IV.4 : Etude comparative de la logique floue et les réseaux de neurones

Ainsi, on peut dire que les systèmes neuro-flous sont des modèles de connexion qui permettent l'apprentissage comme un RNA, mais leurs structure peut être interprétée comme un ensemble de règles floues.**[52]**

Il existe différent modèles pour la combinaison de la logique floue et les réseaux de neurones . Dans ce travail nous présentons l'approche ANFIS (**A**daptative **N**euro **F**uzzy **I**nférence **S**ystem) proposée par Jang en 1993 **[46]**.

Les chapitres suivants seront consacrés pour :

- Une étude comparative entre deux type de la famille neuronale (LVQ et PMC) pour résoudre le problème du diagnostic
- Une approche hybride neuro-floue de type Anfis pour la reconnaissance du cancer du sein.
- Anisi que l'implémentation d'aide indirecte pour le diagnostic médical permettant la gestion des dossiers médicaux notamment ceux du patient et des Rendez-vous.

Chapitre V :

Implémentation de
ProSadm

Ce chapitre est composé de trois parties. La première concerne l'implémentation de deux techniques intelligentes (P.M.C & L.V.Q) pour l'aide au diagnostic.La deuxième concerne l'implémentation du modèle neuro-flou.La troisieme présente l'aide indirecte au diagnostic médical.

V.1.1 INTRODUCTION

Dans ce dernier chapitre, nous présentons le côté pratique de notre application .Notre but est la réalisation d'un système interactif, flexible et fiable pour l'aide au diagnostic médical .Nous commençons par la description de la base de diagnostic utilisé, le choix de l'environnement de travail ainsi que les étapes fondamentaux de la conception de notre application.

Les deux premières parties de ce chapitre sont consacrées essentiellement a l'implémentation de trois techniques intelligentes pour la réalisation d'un système d'aide directe au diagnostic médicale :

- les deux premières techniques représentent deux types du modèle neuronale (perceptron multi couches et L.V.Q(Learning Vector Quantization).
- La troisième technique représente une méthode d'hybridation du SIF avec le perceptron multicouche.

Dans la dernière partie, nous présentons

A noter que nos applications auront comme nom : **ProSadm** (**P**rogrammation d'un **S**ystème d'**A**ide au **D**iagnostic **M**édical) . **ProSadm** est un système intelligent qui reste une deuxième opinion pour le médecin et ne remplace pas la décision du physicien.

V.1.2 DESCRIPTION DE LA BASE DE DONNEES

Depuis 1988, l'Université du Wisconsin alimente une base avec des données médicales concernant des prélèvements cytologiques (épaisseur, uniformité de la taille et de la forme des cellules, etc.) avec leurs diagnostics : bénin ou malin **[53]**. La base comporte environ 683 exemples qui sont caractérisé par neuf attributs décrit dans le **tableau V.1** suivant :

Attributs :	Signification :
A1	Épaisseur de l'échantillon
A2	Uniformité de la taille
A3	Uniformité de la forme

A4	Adhésion marginale
A5	Taille cellule épithéliale
A6	Noyaux
A7	Chromatine terne
A8	Nucleoli normal
A9	Mitose

Tab V.1 : Attributs de la base de diagnostic

V.1.3 ENVIRONNEMENT DE DÉVELOPPEMENT

Notre choix porte sur le Guide (Graphical User Interface Development Environment) .C'est un ensemble d'outils qui permettent à l'utilisateur, grâce à des objets graphiques d'interagir avec un programme informatique.[54]

Le GUIDE est un outil graphique qui regroupe tout ce que le programmeur à besoin pour créer une interface graphique de façon intuitive. Les objets graphiques sont hiérarchisés (parent-enfant) : **Root => Figure => Axes et Uicontrol.**

Chacun des objets graphiques possède de nombreuses **propriétés** qui doivent être connue par le programmeur pour la réalisation d'une interface graphique. Sans oublié que cet IDE est enrichi par une série d'événements structurés conduit sous la forme de contrôles d'interface utilisateur appelée (uicontrols).

Uicontrol peut être utilisé pour la création des interfaces graphiques intuitive et esthétique.

V.1.4 CONCEPTION DE L'APPLICATION :

Nous présentons dans cette partie, les trois phases essentielles pour avoir une bonne conception d'une interface graphique pour le « Guide » ou n'importe quel autre Environnement de développement.

✓ Analyse : cette étape nécessite une étude détaillée du système a réaliser .tous les objectifs, exigences et contraintes doivent être justifiés et discutés en profondeur.

✓ Conception : une fois la première tâche est accomplie, le passage du modèle logique à la description technique représente le but de cette phase. Différents points sont pris en considération pour la réalisation de cette tache telle que :

- Répondre au besoin d'utilisateur,
- la prise en compte du coté cognitive.
- La prise en compte du coté physique.
- La rédaction d'un éventuel prototype. Reste, le crayon et le papier un excellent moyen d'explorer pour la conception d'une interface graphique [55].Dans notre cas un premier prototype est réalisé à l'aide de l'E.D.I(Environnement de Développement intégré)Delphi pour facilité la tache suivante.

✓ Implémentation : cette phase comprend le codage de l'application. Le **tableau V.2** suivant présente quelques fonctions utilisées durant le codage de notre application

Nom_fonction:	Description_fonction :
Créer_Callback	Création du réseau (LVQ ou PMC)
Apprentissage_ Callback	Apprentissage du réseau
Teste_ Callback	Teste du réseau
Afficher_ Callback	Affichage des résultats de teste
Enregistrer_ Callback	Le sauvgarde des paramètres du réseau
Visualiser_ Callback	L'interprétation des résultats de teste
Quitter_ Callback	Libération de la mémoire des variables globales
Imprimer_ Callback	Impression des résultats
Charger_ Callback	Chargement de la base pour le teste et l'apprentissage
Acp_Callback	Application de la méthode d'A.C.P pour la réduction de la taille de base
Ouvrir _Callback	Le chargement du réseau et du base pour le teste

Tab V.2 : Exemples de fonctions utilisées

V.1.5 LES INTERFACES UTILISATEURS :

Notre première application est composée de trois couches essentielles :

✓   Couche noyau : cette couche possède une instanciation des objets à utiliser et de structures de données avec leurs initialisations d'une part, et d'implémentation permettant l'interaction entre les différents objets d'une autre part.

✓   Couche fichier : ceci concerne la création, l'ouverture, l'enregistrement des réseaux (L.V.Q ou P.M.C), les résultats du test et de la réduction de la base (en utilisant l'A.C.P) qui sont sous forme de fichiers d'extension (*.mat), ainsi que le chargement des bases pour l'apprentissage ou le teste et qui peuvent être d'extension ('.*mat' ou '*.m').

✓   Couche interface : il ne s'agit pas uniquement d'un intermédiaire entre l'utilisateur et notre application mais aussi d'une interaction avec les deux autres couches situées aux dessus. Notre application comporte deux interfaces principales correspondant aux deux méthodes de classification choisie (L.V.Q et P.M.C) d'un coté ; et de trois interfaces commun reflétant le chargement du résultat de test, la réduction de la base pour le teste et l'apprentissage et l'interprétation des performances et des résultats finales d'un autre coté. Notre application porte le nom « **ProSadm** » (programmation d'un système d'aide au diagnostic médicale) , la **figure V.1** suivante présente l'interface principale :

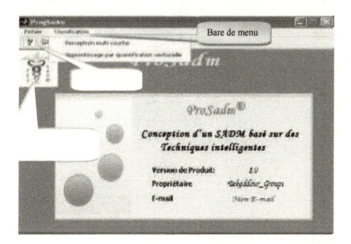

Figure V.1 La Fenêtre principale

Les **figure V.2,3,4** illustrent l'interface principale de la premier technique intelligente implémenté qui est L.V.Q (Learning Vector Quantization)

1ère Interface : (pour le réseau L.V.Q)

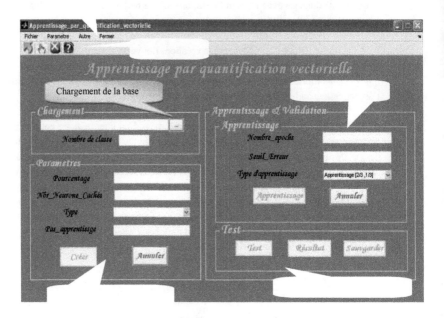

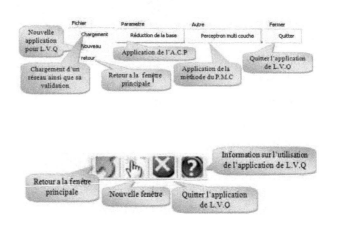

Les **figure V.5,6,7** illustrent l'implémentation de la deuxième technique intelligente : le perceptron multicouches (P.M.C)

2ère Interface : (pour le réseau P.M.C) :

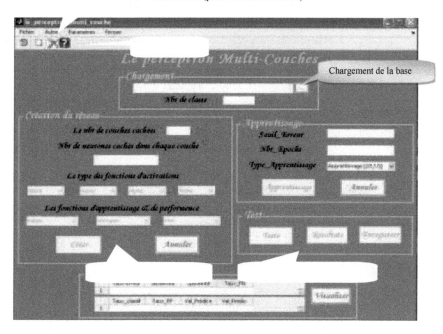

Figure V.5 Fenêtre principale du réseau P.M.C

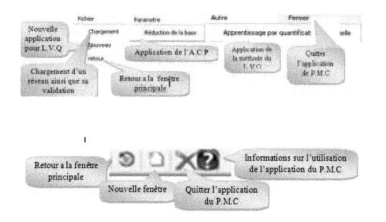

Pour le perceptron multicouches : nous avons utilisé un réseau de trois couches pour la tache de diagnostic du cancer du sein : une couche d'entrée qui reçoit les différents objets accompagner de leurs caractéristiques ; une couche cachée qui fait l'apprentissage en utilisant la méthode de retro-propagation qui est déjà expliqué dans les chapitres précédents . C'est pour cette raison qu'elle est appelée cachée (l'intelligence est cachée dans l'ajustement des poids durant la propagation d'erreur dans les couches cachées).Et une dernière couche qui est la couche de sortie comportant les différentes classes cibles des objets introduits. Un exemple du réseau implémenté est illustré dans la **figure V.8**

Au cours de la phase d'apprentissage, quelque paramètres essentiels sont nécessaires pour l'amélioration des résultat appelés garde-fous (ex : seuil _erreur ; nbr_epochs….). Cette phase doit être complétée par une phase de validation durant la qu'elle, on teste les nouveaux objets arrivant au réseau déjà entrainé.

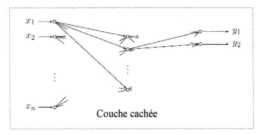

Figure V.8 : Réseau P.M.C implémenté

Pour la deuxième technique :le réseau de L.V.Q comporte trois couches comme le montre la **figure V.9** une couche d'entrée, une couche de compétition et une couche de sortie. Pour la couche de compétition et durant l'apprentissage : on calcule la distances entre les poids et les différents vecteurs d'entrées ,le neurone aura sélectionné comme gagnant s'il possède la distance la plus faible.son poids serra ajusté en l'éloignant ou en le rapprochant du vecteur d'entrée suivant la sortie du réseau .le nombre de neurones cachés ,le pourcentage de distribution des neurones cachés , nbr d'epochs et autres paramètres sont importants pour la réalisation de ce réseau.

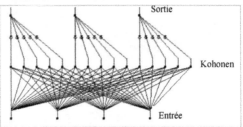

Figure V.9 : Architecture du LVQ

V.I.7 INTERPRETATIONS DES RESULTATS

Résoudre un problème de diagnostic convient a une reconnaissance de l'objet :

Nous avons évalué les 2 techniques (PMC & LVQ) en utilisant les paramètres suivants :

✓ Le taux d'erreur : représente le nombre d'exemple male classé par rapport au nombre total d'exemple.

✓ La sensibilité : ce paramètre mesure le taux de vrai positif.il est donné par la formule suivante : (Se %) = [Vp / (Vp+Fn)]* 100   (5.1)

✓ La spécificité : ce paramètre mesure le taux de vrai négatif.il est donné par la formule suivante : (Sp %) = [Vn / (Vn+Fp)]* 100   (5.2)

✓ Le taux de Fn : représente le nombre d'exemples cancéreux prédits comme non cancéreuse.

✓ Le taux de classification : c'est le taux de reconnaissance qui permet d'évaluer la qualité du classifieur par rapport au probleme pour lequel il a été conçu .[56]

$$(T.C\%)= [(Vp+Vn)/(Vn+Vp+Fp+Fn)]. \qquad (5.3)$$

✓ Le taux de Fp : représente le nombre d'exemples non cancéreux prédits comme cancéreuse. (Fp %) = [Fp / (Fp+Vn)*100].   (5.4)

✓ Valeur prédictive positif : représente le taux de classification des cas cancéreux correctement reconnus par le classifieur par rapport au nombre total des cas cancéreux détectés par le classifieur.

$$Vpp =[Vp / (Fp+Vp)]*100. \qquad (5.5)$$

✓ Valeur prédictive négatif : représente le taux de classification des cas non cancéreux correctement reconnus par le classifieur par rapport au nombre total des cas non cancéreux détectés par le classifieur.

$$Vpn =[Vn / (Fn+Vn)]*100. \qquad (5.6)$$

- **Etude comparative des résultats:**

D'après les résultats obtenus, nous remarquons que nos deux modèles ont donné des résultats assez satisfaisants en le comparant avec ceux obtenus dans d'autres travaux dans la littérature sur la même base de données, ces derniers sont cités dans le **tableau V.3** au-dessous.

Etude :	Technique :	Taux de classification : %
[Ster, Dobnikar 96]	L.V .Q	96.6
[Zarndt 95]	CART tree	94.4

[Zarndt 95]	ID3	93.4
[Bennet and Blue 97]	SVM	97.2
[Ster, Dobnikar 96]	PMC	96.8
[Hammadi 08]	PMC	99.55
[Tabel 08]	RBF	99.48

Tab V.3 Travaux de la littérature

Notre choix des méthodes d'apprentissage nous a permit d'aboutir a un taux classification de 99.56% pour P.M.C et de 99.12 % pour L.V.Q comme le montre le **tableau V.4** de résultats suivant :

%	Tclass	Terreur	Se	Sp	V.P+	V.P -	Taux_FP	Taux_FN
P.M.C	99.56	0. 44	100	98.77	99.32	100	1.23	0
L.V.Q	99.12	0. 88	99.12	99.12	99.12	99.12	0. 88	0.88

Tab V.4 : Etude comparative PMC & LVQ

Ce tableau récapitulatif montre clairement que les performances obtenues sont des résultats très prometteurs.

En faisant varier le nombre de caractéristiques, les résultats des deux techniques restent toujours similaires.

La **figure V.10** suivante représente l'interface de notre application pour l'interprétation des résultats du L.V.Q & P.M.C respectivement :

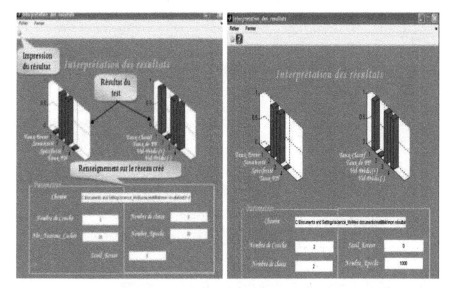

Figure V.10 : Résultats de L.V.Q (a gauche) & P.M.C (a droite)

Différentes approches neuronales ont été proposée dans la littérature pour traiter les problèmes dans le domaine médical, en particulier le diagnostic. Dans cette première partie nous avons présenté quelques résultats obtenus en utilisant L.V.Q (apprentissage par quantification vectorielle) et P.M.C (apprentissage par rétro-propagation) nourrie d'une base de diagnostic concernant un prélèvement cytologique pour la maladie du cancer du sein.

Il faut savoir que les paramètres les plus pertinents pour le diagnostic du cancer du sein sont la forme et la taille des cellules étudiées .les résultats obtenus par les deux méthodes intelligentes sont assez proches. En outre, le temps d'apprentissage était beaucoup plus court pour P.M.C par rapport au L.V.Q .

Enfin, les résultats présentés ici indiquent que L.V.Q et P.M.C sont intéressants pour le problème de diagnostic, comme a été présenté dans ce travail.

Ce système que nous venons de réaliser n'apporte qu'un aide au médecin, et le diagnostic final revient à l'expert du domaine. Dans la suite de ce chapitre nous présentons les résultats obtenus par le modèle Anfis (Adaptative Neuro-Fuzzy Inference System) ainsi que leurs interprétations.

V.2.1 RECONNAISSANCE NEURO-FLOUE

Les résultats obtenus par les deux techniques précédentes restent toujours non interprétables, malgré la lisibilité et l'interactivité du système déjà implémenté .Pour cette raison, nous rajoutons dans cette partie une autre technique de l'I.A pour résoudre cette problématique.

Le but de cette deuxième partie est l'implémentation d'un modèle neuro-flou pour le diagnostic du cancer du sein. Notant que la complexité réside dans le nombre des descripteurs, nous avons diminué ce nombre en gardant les descripteurs les plus importants.

V.2.2 CHOIX DES PARAMETRES

Notant que le nombre des fonctions d'appartenance est un point important pour l'implémentation des systèmes neuro-flous. Cela influe sur le nombre de règles générées. Sans oublier qu'il faut avoir toujours un taux de classification acceptable, une erreur petite et un nombre de règles raisonnables et non contradictoires.

Nous avons aussi diminué le nombre des paramètres, en choisissant uniquement les 6 premier descripteurs car nous avons testé la même base de diagnostic sur ces descripteurs en utilisant les deux techniques précédentes (P.M.C,et L.V.Q) et nous n'avons pas remarqué de grandes différences pour les résultats.

Le **tableau V.5** illustre quelques résultats obtenus :

Configuration :	Nombre_regles :	Erreur-apprentissage :	Taux_Classif %
2*2*2*2*2*2	64	0.29843	0.9825
2*3*3*3*2*2	216	0.16176	0.8904
2*2*2*3*2*3	144	0.16982	0.9386

Tab V.5 : Erreur et taux classification pour différentes configurations

Avant la phase d'apprentissage, nous avons choisi la configuration suivante pour le SIF :

- Nous avons choisi d'affecter deux fonctions d'appartenance pour chaque descripteur afin de réduire la taille des règles générés.
- Concernant le type des fonctions d'appartenances, nous avons choisi des fonctions trapézoïde (pour gardes la lisibilité des résultats) et des fonctions triangulaires pour (pour la rapidité d'exécution).
- Le modele neuro-flou équivalent est présenté dans la figure suivante :

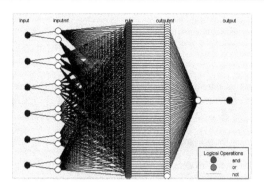

Figure V.11: le modèle neuro-flou développé

Après avoir choisi ces configurations initiales, on lance l'apprentissage, en utilisant l'algorithme de rétro-propagation ou la méthode hybride.

- Nous avons fixé un seuil d'erreur égale a 0.001.

Voici quelques résultats obtenus résumés dans le **tableau V.6** suivant :

Taux_class %	Taux_ erreur %	Se : %	Sp : %	Nbr Vp	Nbr Vn	Nbr Fp	Nbr Fn	Type :
96.49	3.51	95	97.30	76	44	4	4	hybride
95.18	4.82	91.25	97.3	73	144	7	7	hybride
98.25	1.75	97.5	98.65	78	46	2	2	hybride
64.91	35.09	0	100	76	148	0	80	Retro-propagation
97.81	2.19	100	96.62	80	43	5	0	hybride

Tab V.6 : Différentes résultats de l'Anfis

Nous remarquons que la méthode hybride (retro-propagation & moindre carré) donne des résultats meilleurs que celle de retro-propagation.

V.2.3 ANALYSE DES REGLES FLOUES

En comparant les résultats obtenus par les deux approches neuronales et ceux obtenus par le modèle neuro-flou, nous remarquons clairement qu'il n'y pas une grande différence . nous avons obtenus un taux de classification de 99% pour les premiers modèles et de 98% pour le modèle neuro-flou . le plus important est que les deux approches (neuronale, neuro-flou) ont reconnus correctement presque tous les cas cancéreux.

Cependant ,l'intérêt principale du modele neuro-flou par rapport aux autres techniques comme les réseaux de neurones est l'explicité et l'interprétabilité des résultats. ce modele permet de générer des règles pour justifier le diagnostic.

Voici quelques règles générées par notre modèle neuro-flou :

Nous avons codé les deux sorties selon les deux classes : Classe bénigne =0 ; Classe maligne =1.

- Règle 1 :
  Si (épaisseur est petit) et (Uniformité de la taille est petit) et (Uniformité de la forme est petit) et (Adhésion marginale est petit) et (Taille cellule épithéliale est petit) et (Noyaux est petit) alors (C1=0).

- Règle 58 :
  Si (épaisseur est grand) et (Uniformité de la taille est grand) et (Uniformité de la forme est grand) et (Adhésion marginale est petit) et (Taille cellule épithéliale est petit) et (Noyaux est grand) alors (C1=1).

- Règle 64:
  Si (épaisseur est grand) et (Uniformité de la taille est grand) et (Uniformité de la forme est grand) et (Adhésion marginale est grand) et (Taille cellule épithéliale est grand) et (Noyaux est grand) alors (C1=1).

Nous avons calculé le prototype des règles générés (on définie un prototype d'une règle ,un exemple qui active la règle a 100%) . Les résultats sont montrés dans le **tableau V.7** suivant :

Règle :	Nombre de prototype :
1	79
33	5
57	2
58	2
62	3
64	8

Tab V.7 : Le nombre de prototype pour chaque règle.

V.2.4.1 Les cas correctement reconnus :

V.2.4.1.a Les cas cancéreux correctement reconnus :

Nous avons calculé le degré de sollicitation (degré d'activation entre 50% et 100%) pour chaque règle par rapport aux nombre d'exemples. Les résultats sont illustrés dans le **tableau V.8** suivant :

Règle :	Degré de sollicitation % :
64	0.10
62	0.03
63	0.05
58	0.025

Tab V.8 : Degré de sollicitation pour les règles des cas VP

La règle 64 possède le degré de sollicitation le plus important.

Concernant les cas ayant un épaisseur de l'échantillon > 5 et qui sont correctement reconnus comme des cas cancéreuses, on cite les deux exemples suivants:

1)   Épaisseur de l'échantillon = 8   Adhésion marginale =7

Uniformité de la taille =10   Taille cellule épithéliale =10

Uniformité de la forme =10   Noyaux =10

Cet exemple a activé la règle 64 par un degré de sollicitation de 82,25%.

2)
Épaisseur de l'échantillon =6   Adhésion marginale =10

Uniformité de la taille =10   Taille cellule épithéliale =10

Uniformité de la forme =10   Noyaux =10

Cet exemple a activé la règle 64 avec 62,11% et la règle 32 avec 37,71%

Pour les deux exemples précédant l'épaisseur de l'échantillon a dépassé le stade normale ce qui rend la tumeur maligne.

V.2.4.1.b Les cas non cancéreux correctement reconnus :

Les degrés de sollicitation pour les règles qui représentent les cas non cancéreux correctement reconnus sont présentées aux dessous dans le **tableau V.9** :

Règle :	Degré de sollicitation %:
1	0.95
33	0.02

Tab V.9 : Degré de sollicitation pour les règles des cas VN

Nous remarquons que la première règle a le degré de sollicitation le plus élevé.

Par exemple : le premier échantillon dans la base de diagnostic ayant comme paramètres :

Épaisseur de l'échantillon = 1	Adhésion marginale =1
Uniformité de la taille =1	Taille cellule épithéliale =2
Uniformité de la forme =1	Noyaux =4

a activé

- ✓ La première règle par un degré de 81,40%.
- ✓ La deuxième règle par un degré de 2,72%

V.2.4.2 Les cas mal reconnus :

V.2.4.2.a Les cas non cancéreux prédits comme cancéreux :

Parmi les cas non cancéreux de la base, notre modèle a reconnue 2 cas comme des cas cancéreux mais seulement un exemple avec un degré de sollicitation entre 50% et 100% . Le **tableau V.10** suivant présente le degré de sollicitation de cet cas mal reconnus.

Règle :	Degré de sollicitation :
33	0.006

Tab V.10 : Degré de sollicitation pour les règles des cas FP

V.2.4.2.b Les cas cancéreux prédits comme non cancéreux :

Le nombre des cas cancéreux prédits comme cancéreux est égale a deux exemples généré par notre modèle neuro-floue avec un degré de sollicitation qui n' pas dépassé le 40% dans ces meilleur cas.

V.3.1 INTRODUCTION

Dans ce qui suit, nous présentant la dernière partie de notre application avec quelques explications.

Cette partie consiste à apporter une aide indirect pour la réalisation d'un système d'aide au diagnostic médicale au niveau du Centre Hospitalo-universitaire de Tlemcen. Les finalités de notre système est résumé dans les trois points suivants :

-   La gestion des patients.

-   La gestion des rendez-vous attribués à ces patients.

-   L'établissement des ordonnances et des lettres d'orientations.

V.3.2 LANGAGE DE PROGRAMMATION

L'interface implémenté est programmé en utilisant un langage de programmation évolué qui est le C++ . Le Dr Bjarne Stroustrup a développé le langage C++ aux laboratoires de BellAt&T a partir du langage C en lui rajoutant des caractéristiques et d'autre améliorations.[57]. Le C++ peut être considéré comme un super langage C.

C++ est un langage riche et complexe, aux puissantes fonctionnalités : bâti autour du langage C, il est orienté objet et propose des fonctions en ligne, la surcharge d'opérateurs,.. etc. Il se retrouve aujourd'hui à la base de nombreux applicatifs et d'interfaces de développement graphiques.

V.3.3 ENVIRONNEMENT DE DÉVELOPPEMENT

L'Environnement de Développement Intégré que nous avons utilisé est le C++ builder 6. C'est un environnement qui propose des outils nécessaires pour la conception et le développement des applications, permettant un prototypage court et rapide.

C++ builder est un environnement de programmation orienté objet qui propose un ensemble d'outils pour le développement rapide d'application.

Au début, C++ Builder a visé seulement la plateforme Windows. Des versions plus récentes ont incorporé Borland CLX, une bibliothèque de composants basés sur Qt supportée par Windows et Linux.

C++Builder permet également le développement rapide d'applications base de données, ainsi que des applications-serveurs web.

V.3.4 IMPLEMENATION & MISE EN ŒUVRE

Le démarrage de **ProSadm** est sécurisé par un mot de passe, pour ne permettre l'accès qu'au médecin à cette application .La **figure V.12** illustre cette authentification. Nous donnons aussi la main au médecin de modifier son mot de passe comme le montre la **figure V.13.**

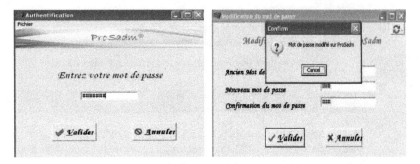

Figure V.12 :Authentification   **Figure V.13** Modification du mot de passe

Un premier tour d'horizon des besoins exprimée par le médecin nous a permis d'implémenté l'interface responsable de gestion des patients comme le montre la **figure V.14** suivante.

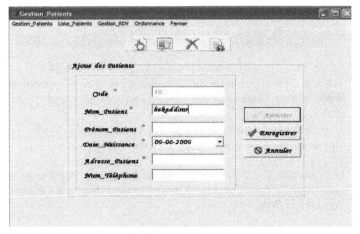

Figure V.14 Gestion des patients

Cette interface permet au médecin de faire la mise a jour des malades de façon simple et ergonomique, ainsi que la consultation de la liste des patients.

La **figure   V.15** suivante trace la deuxième finalité de   **ProSadm** .Cette interface permet de faire des mise a jour sur la liste des Rendez-vous rajouté telle que l'annulation, la modification, la recherche par date de consultation , l'affichage de la liste des patients par Rendez-vous……

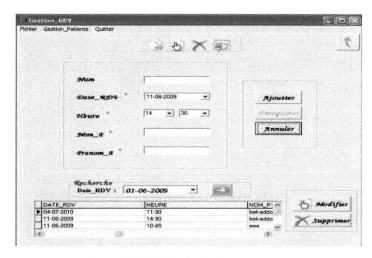

Figure V.15 Gestion des Rendez-vous

L'Etablissement d'ordonnances est le dernier point atteignable. Après faire la consultation d'un patient, le médecin peut établir une ordonnance, deux situations peuvent être présentées : Le médecin prescrit des traitements et établie une ordonnance, ou bien le patient est orienté vers un autre service compétant avec une lettre d'orientation. Ceci est illustré dans la **figure V.16** suivante :

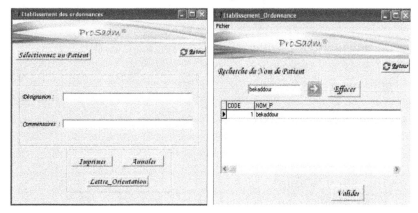

Figure V.16 Sélection du patient pour l'établissement d'ordonnance

Le cancer du sein reste parmi les maladies les plus fréquemment rencontrées. De fait plusieurs travaux dans la littérature ont été développé et largement publié .En effet ,ces deux dernières décennies ,la reconnaissance du cancer du sein continu d'être parmi les applications les plus souvent rencontrées dans le domaine médical.

Plusieurs évolutions majeures ont marqué la pratique médicale depuis une vingtaine d'années et différentes études ont confirmé que c'est la détection en stade précoce des cancers qui peut en améliorer le pronostic .

Dans ce modeste travail, nous avons développé différentes techniques intelligentes pour les implémenté dans un système d'aide au diagnostic médical afin d'aider les médecin a la détection précoce des maladies du cancer du sein.

En premier lieu, nous avons implémenté une interface basé sur deux approches neuronal qui sont le perceptron multicouches P.M.C et L.V.Q (Learning Vector Quantization). Selon les résultats présentés dans le dernier chapitre ,ces deux téchniques ont prouvé leurs capacités de résoudre cette problématique.

Les résultats obtenus par des deux techniques ont été assez similaires et satisfaisantes.

Concernant la deuxième approche, nous avons montré l'intérêt et l'interprétabilité des résultats. Avec le modèle neuro-flou, les résultats sont plus interprétable et compréhensible par l'expert humain.

Nous avons validé notre application sur une base de diagnostic de l'université de Wisconsin qui est alimenté par des données médicales concernant des prélèvements cytologiques avec leurs diagnostics.

Nous avons essayé de préparé une base de diagnostic spécifique à notre région.Malheuresement jusqu'à présent, il n'existe pas une convention régulière entre le C.H.U (Centre Hospitalo-universitaire) et l'université de Tlemcen, qui nous permet de réalisé notre tache avec beaucoup de facilité.

Nous avons aussi développé une application pour l'aide indirect au diagnostic médical, ayant comme finalité la gestion des patients et des rendez-vous attribués a ces patients ainsi que l'établissement des ordonnances.

Finalement, ce travail constitue un premier pas vers un système d'aide au diagnostic intelligent dans le domaine médical. Il peut être enrichi dans le futur en intégrant d'autre modules qui seront utiles pour une bonne décision médicale telle que :

- Utilisations d'algorithmes d'optimisations pour les caractéristiques descriptives du cancer du sein .
- L'ajout d'autres modèles neuronales pour le diagnostic.
- Recoure à d'autres techniques de l'aide au diagnostic médical telle que les systèmes experts

Bibliographie :

[1] **Edward H. Shortliffe, James J. Cimino** . Biomedical Informatics: Computer Applications in Health Care and Biomedicine (Health Informatics). The third edition. published by Springer in May 2006

[2] **P.Degoulet, M.Fieschi.** Informatique médicale. 3e édition .Masson ,Paris 1998.

[3] **Auguste Wackenheim, Georg Zollner** . Informatique et Imagerie Médicale. Masson .Paris 1995.

[4] **Bruce G. Buchanan, Edward H. Shortliffe.** Rule-Based Expert Systems The MYCIN Experiments of the Stanford Heuristic Programming projects. The Addison-Wesley Series in Artificial Intelligence. October 1984.

[5] **Aous Sofiane & Abou Bekr Ahmed Sofiane.** Réalisation d'un système d'aide au diagnostic en cardiologie .Faculté de Sciences des ingénieurs. Département d' informatique. Université Abou bekr Belkaid .Promotion 2005-2006

[6] **Mihir Sewak, Priyanka Vaidya, Chien-Chung Chan, Zhong-Hui Duan.** SVM Approach to Breast Cancer Classification . imsccs, pp.32-37, Second International Multisymposium on Computer and Computational Sciences. (IMSCCS 2007), 2007

[7] **Khaldi K houloud, Zengara Nouria** . La classification non supervisée du cancer du sein. .Faculté de Sciences des ingénieurs. Département d'électronique biomédicale. Université Abou bekr Belkaid .Promotion 2008-2009

[8] **Daniel Serin & Gaëtan de Rauglaudre** . Cancer du sein avancé .29es Journées de la Société Française de Sénologie et Pathologie Mammaire (SFSPM) Avignon, 14-16 novembre 2007.

[9] **Philippe Guittard & François Aubert** . L'essentiel médical.Editeur Ellipses Marketing .Collection universités francophones . 1991

[10] **Rose-marie Hamladji** .Précis de Sémiologie .Office des publications universitaires. Janvier 1985

[11] **j.Lansac, P.Lecomte** . Gynécologie Pour Le Praticien. Edition : SIMEP.SA Paris. France 1994

[12] **Colette Marsan** . Cytopathologie Mammaire Par Ponction .Editions scientifiques et médicale Elsevier SAS. 2001

[13] **Bernard Dubuisson.** Diagnostic, Intelligence Artificielle & Reconnaissance de formes. Editeur : Hermès - Lavoisier .2001

[14] **J. Shurmann,** "Pattern Classification : A Unified View of Statistical and Neural Approaches", John Wiley, N. Y. 1996.

[15] **Bessaid Sofiane** . Développement & implémentation d'un système d'aide au diagnostic médical . Faculté de sciences des ingénieurs. Département d'informatique. Université Abou bekr Belkaid .Promotion 2008-2009

[16] **Nuria Gómez Blas, Miguel Angel Díaz, Juan Castellanos, Francisco Serradilla** in International Journal " Information Theories & Applications " Vol.15 / 2008.Number 1. pp. 31-35 .Edited by the Institute of Information Theories and Applications FOI ITHEA, Bulgaria

[17] **Jack Challoner**.L'intelligence artificielle : Un guide d'initiation au futur de l'informatique et de la robotique . Pearson Editions France . 2003

[18] **Anna Hart**. Acquisition du savoir pour les systèmes experts. Sciences cognitives. Masson ,paris 1988

[19] **J-M Karkan**. Systemes Experts - Un Nouvel Outil Pour L'aide À La Décision. PARIS : MASSON, 1993

[20] **Ben Krose & Patrick van der Smagt** . An Itroduction To Neural Networks. Eighth edition. November 1996

[21] **François Blayo & Michel Verleysen**. Qui suis-je .Les Réseaux De Neurones Artificiels. 1ere edition : 1996, janvier. Presses Universitaires de France.

[22] **Marc Parizeau** . Réseaux De Neurones. Thèse a l'université de Laval. 2004.

[23] **Laurene Fausett** , Fundamentals of neural networks Architecture , Algorithms and applications. Edition Trade paper.Publication Date:December 1993

[24] **Didier Müller** .Utilisation d'un réseau de neurones artificiels comme fonction d'évaluation d'un jeu, EPFL-DMA, CH-1015 Lausanne Novembre 1992

[25] **Anthony Mouraud** .Approche distribuée pour la simulation événementielle de réseaux de neurones impulsionnels. Application au contrôle des saccades oculaires. Rapport soumis aux rapporteurs, dans le but de sanctionner le dossier pour l'obtention du grade de Docteur en Informatique de l'Université des Antilles et de la Guyane. le 25 Mai 2009

[26] **Rumelhart, D.E., Hinton, G.E., and Williams, R.J.** (1986), "Learning Internal Representations by Error Propagation," in Parallel Distributed Processing - Explorations in the Microstructure of Cognition,. McClelland (Eds.), The MIT Press: Cambridge.

[27] **Lakhmi C. Jain; N.M. Martin** .Fusion of Neural Networks, Fuzzy Systems and Genetic Algorithms: Industrial Applications CRC Press, CRC Press LLC .Pub Date: 11/01/98

[28]   L.Personnarz ,I. Rivals .Réseaux de neurones formels pour la modélisation,la commande et la claassification.CNRS Editions,Paris,2003

[29]   Brand Tso & Paul M. Mather .Classification Methods For Remotely Sensed Data. Second Edition. CRC Press 2009 by Taylor & Francis Group, LLC

[30]   Jean-Pierre Changeux. Réseaux de neurones. C Jousselin .2009

[31] James A. Freeman , David M. Skapura. Neural Networks Algorithms, Applications, and Programming Techniques .Loral Space Information Systems and Adjunct Faculty, School of Natural and Applied Sciences. University of Houston at Clear Lake. Addison-Wesley Publishing Company, Inc. 1991

[32]   K. Ben Khalifa, M.H. Bédoui, M. Dogui and F. Alexandre. Alertness States Classification By SOM and LVQ Neural Networks. World Academy of Science, Engineering and Technology 3 .2005.

[33] Simon Haykin . Neural Networks . A Comprehensive Foundation .Second Edition . McMater University Hamilton, Ontario, Canada. 1999 by Pearson Educaton.Inc

[34]   Howard Demuth, Mark Beale. Neural Network Toolbox For Use with MATLAB:Computation ,Visualization, Programming January 1998 .Version 3 by The MathWorks, Inc.

[35] Josvah Paul Razafimandimby Mémoire d'Habilitation `a Diriger des Recherches intitulé : Quelques aspects de l'interprétabilité sémantique des SIF : Application `a l'optimisation d'un régulateur PI flou 12 avril 2008

[36] Lotfi A. Zadeh. Fuzzy Logic = Computing with Words. Life Fellow, IEEE Transactions On Fuzzy Systems, pp. 1996

[37] Claude Rosental, «Histoire de la logique floue. Une approche sociologique des pratiques de démonstration», Revue de Synthèse, vol. 4, 4, octobre-décembre 1998, pp. 575-602.

[38] CHEKROUN Soufyane .Commande Neuro-Floue Sans Capteur De Vitesse D'une Machine Asynchrone Triphasee. Mémoire pour l'obtention du diplôme de magister en Electrotechnique .Option : Analyse Et Commande Des Machines Electriques. 2008/2009

[39] Bernadette Bouchon- Meunier. La logique floue et ses applications. Collection Vie Artificielle, Addison-Weiley, 1995.

[40] **Frédéric Sur** . Présentation de la Logique Floue. Sous la direction de Jérome Lacaille. Ecole Normale Supérieure de Cachan. Magistère de Mathématiques Mémoire de première année : Année1997-1998.

[41] **Jan Jantzen** "jj@iau.dtu.dk".Tutorial On Fuzzy Logic. Technical University of Denmark.Departement of Automation.Bldg 326.DK-2800 Lyngby.Denmark Tech.report no 98-E 868,19 Aug 1998 (Logic).

[42] **Mohammed Amine Chikh** . Analyse du signal ECG par les réseaux de neurones et la logique floue.application a la reconnaissance des battements ventriculaires prématurés. 2005.

[43] **Carlos Andrés PEÑAREYES** .Coevolutionary Fuzzy Modeling : THÈSE NO 2634 (2002). École Polytechnique Fédérale De Lausanne. Présentée a la faculté Informatique Et Communications pour l'obtention du grade de docteur Es Science dans le domaine de l'Informatique ;2002

[44] **Ahmad M. Ibrahim** . Fuzzy Logic for Embedded Systems Applications. Elsevier Science (USA).2004,

[45] **Jyh-Shing Roger Jang ;Chuen-Tsai Sun; Eiji Mizutani.** Neuro Fuzzy And Soft Computing. A computational Approch to learning and Machine intelligence. Prentice Hall, 1997

[46] **R.Jang**, Anfis :adaptative network-based fuzzy inference système ;IEEE Trans.on Systems,Man and Cybernetics,J.S.,1993

[47] **R.Jang**, neuro-fuzzy modeling :architecture, analyses and applications, PhD thesis ,Dep. Of electrical Engineering and computer Science, University of California, Berkeley, 1992

[48] **Graciela Ferreira**, Modelos NeuroFuzzy y Aplicaciones ; Curso Redes Neuronales 2007

[49] **Ammar Mohammed.** Reconnaissance automatique du diabète et prédiction de la dose d'insuline . Faculté de sciences des ingénieurs. Département d'électronique biomédicale. Université Abou bekr Belkaid .Promotion 2008-2009 .

[50] **S. Zribi Boujelbene, D. Ben Ayed Mezghani et N. Ellouze** ,Systèmes à Inférences Floues pour la Classification Phonémique. Technologies of Information and Telecommunications .March 25-29, 2007 – TUNISIA

[51] **Pierre Cocheteux, Alexandre Voisin, EricLevrat, Benoit Iung** . Méthodologie pour l'évaluation de perte de performance système dans le cadre d'une maintenance

prévisionnelle. Centre de Recherche en Automatique de Nancy (CRAN), Nancy-Université, France (2009).

[52] Fandi Tadj Eddine , Settouti Nesma . Reconnaissance par neuro-floue du diabete. Faculté de sciences des ingénieurs. Département d'électronique biomédicale. Université Abou bekr Belkaid .Promotion 2008-2009

[53] Juan-Manuel TORRES-MORENO. Apprentissage et généralisation par des réseaux de neurones : étude de nouveaux algorithmes constructifs . THÈSE Pour obtenir le titre de DOCTEUR de l'INSTITUT NATIONAL POLYTECHNIQUE DE GRENOBLE : Spécialité : Sciences Cognitives. FRANCE 1997.

[54] Jérôme Briot . Introduction à la programmation des interfaces graphiques . Date: 17/03/2009. Dut sur developpez.com.

[55] : PATRICK MARCHAND & O . THOMAS HOLLAND Graphics and GUIs with Matlab Third Edition . by Chapman & Hall/CR .2003

[56] Tabel douaa & Hammadi samira .classification neuronale du cancer du sein. Département d'électronique biomédicale. Université Abou bekr Belkaid .Promotion 2008-2009 .

[57] Kris Jamsa . La Bible Du Programmeur 1700 astuces pour toutes les situations. Deuxieme édition . Editions Reynald Goulet inc .2004.

Webographie:

[58] http://www.aly-abbara.com
[59] http://www.ligue-cancer.net.
[60] http://www.cancerdusein.org
[61] http://broadband.talktalk.co.uk/
[62] http://www.arc-cancer.net
[63] http://www.vulgaris-medical.com
[64] http://www.med.univ-rennes1.fr/cerf/edicerf/immam/angers/011.html
[65] http:// www.fda.gov
[67] http://www.latribune-online.com/suplements/sante/6382.html
[68] http://www710.univ-lyon1.fr/~csolnon/prolog.html
[69] http://dictionnaire.phpmyvisites.net/definition-Prolog-10165.htm

Résumé

Le cancer du sein est la deuxième cause de décès et la maladie la plus fréquente chez les femmes à nos jours. A ce titre plusieurs travaux ont été effectués afin de développer des outils d'aide au diagnostic de cette maladie cancéreuse.

*Dans le cadre de ce mémoire, nous implémentons un système nommé **ProSADM** (**P**rogrammation d'un **S**ystème d'**A**ide au **D**iagnostic **M**édical) basé sur des modèles de l'intelligence artificielle, principalement les réseaux de neurones et la logique floue pour le diagnostic du cancer du sein.*

Nous développons deux techniques neuronales qui sont PMC (le perceptron multicouche) et L.V.Q (Learning Vector Quantization) ,ainsi que nous utilisons le modèle neuro-flou ANFIS (Adaptative Neuro-Fuzzy Inference System) pour l'amélioration des performances du système et avoir une meilleur évaluation des techniques implémenté . Les résultats obtenus indiquent que les méthodes proposées sont très prometteuses

Mots Clés : Aide au diagnostic, Cancer du sein, Réseau de Neurone, Logique Floue , Neuro-flou.

Abstract :

Breast cancer is the second leading cause of death and the most common cancer among women today. A lot of works has been performed in order to develop computer aided diagnosis systems for recognizing breast cancer disease.

*In this paper, we develop a computer assisted diagnosis called **ProSADM** (**P**rogrammation d'un **S**ystème d'**A**ide au **D**iagnostic **M**édical) based on artificial intelligence applications, mainly neural network and fuzzy logic for breast cancer diagnosis.*

We developed the perceptron multilayer (PML) and the LVQ (Learning Vector Quantization) algorithms for breast cancer detection ,and we used the Neuro-fuzzy ANFIS (Adaptative Neuro-Fuzzy Inference System) model to ameliorate our system's performance and to have better evaluation of the proposed techniques .The results show that the used methods are very promising.

Keywords: computer assisted diagnostic, breast cancer, neural network, fuzzy logic, neuro-fuzzy.

ملخص :

سرطان الثدي هو المرض الأكثر شيوعا عند النساء هذه الأيام و السبب الرئيسي الثاني للوفيات في العالم . من أجل ذلك يجري عمل تطوير أدوات للمساعدة في تشخيص هذا المرض . في هذه المذكرة قمنا بتطوير نظام أسميناه ProSADM (Programmation d'un Système d'Aide au Diagnostic Médical) و هو مبني علي أساس نماذج من الذكاء الاصطناعي , خاصة الشبكة العصبية و الشبكة الضبابية من أجل تقديم المساعدة في تشخيص هذا النوع من السرطان . لقد طورنا نوعين من الشبكات العصبية الاصطناعية و هما: PML و LVQ. كما استعملنا نموذج أخر و هو : الشبكة العصبية الضبابية لتحسين فعالية النظام الذي قمنا بتطويره و تقييم النتائج بأفضل صورة ممكنة. وتشير هذه النتائج بان الأساليب المستعملة في التشخيص الطبي لهذا المرض هي جد واعدة.

الكلمات المفاتيح : المساعدات في التشخيص الطبي ، سرطان الثدي ، الشبكة العصبية الاصطناعية ، المنطق الضبابي ، الشبكة العصبية الضبابية .

www.ingramcontent.com/pod-product-compliance
Lightning Source LLC
La Vergne TN
LVHW042338060326
832902LV00006B/254